山东大学经济学院学术文库

中国私营企业家
管理劳动与行为模式研究

Research on the Management Labor and Behavior Patterns of
Chinese Private Entrepreneurs

刘一鸣 ◎ 著

中国财经出版传媒集团
经济科学出版社
Economic Science Press

图书在版编目（CIP）数据

中国私营企业家管理劳动与行为模式研究/刘一鸣
著 . -- 北京：经济科学出版社，2022.9
ISBN 978 - 7 - 5218 - 2028 - 7

Ⅰ.①中…　Ⅱ.①刘…　Ⅲ.①私营企业 - 企业管理 -
研究 - 中国　Ⅳ.①F279.245

中国版本图书馆 CIP 数据核字（2020）第 209828 号

责任编辑：李一心
责任校对：王苗苗
责任印制：范　艳

中国私营企业家管理劳动与行为模式研究

刘一鸣　著

经济科学出版社出版、发行　新华书店经销

社址：北京市海淀区阜成路甲 28 号　邮编：100142

总编部电话：010 - 88191217　发行部电话：010 - 88191522

网址：www. esp. com. cn

电子邮箱：esp@ esp. com. cn

天猫网店：经济科学出版社旗舰店

网址：http://jjkxcbs. tmall. com

北京季蜂印刷有限公司印装

710×1000　16 开　9.75 印张　165000 字

2022 年 10 月第 1 版　2022 年 10 月第 1 次印刷

ISBN 978 - 7 - 5218 - 2028 - 7　定价：42.00 元

（图书出现印装问题，本社负责调换。电话：010 - 88191510）

（版权所有　侵权必究　打击盗版　举报热线：010 - 88191661

QQ：2242791300　营销中心电话：010 - 88191537

电子邮箱：dbts@ esp. com. cn）

序

　　刘一鸣博士的专著《中国私营企业家管理劳动与行为模式研究》对我国私营企业家在企业治理方面的管理劳动与行为模式进行了深入研究。2016年3月，习近平总书记在出席全国政协民建、工商联联组会时表示："实行公有制为主体、多种所有制经济共同发展的基本经济制度，是中国共产党确立的一项大政方针，是中国特色社会主义制度的重要组成部分，也是完善社会主义市场经济体制的必然要求。"① 会上，他提出了新型政商关系，概括起来就是"亲""清"两个字。习近平总书记指出：对于领导干部而言，所谓"亲"，就是要坦荡真诚同民营企业接触交往，特别是在民营企业遇到困难和问题的情况下，更要积极作为、靠前服务，对非公有制经济人士多关注、多谈心、多引导，帮助解决实际困难。所谓"清"，就是同民营企业家的关系要清白、纯洁，不能有贪心私心，不能以权谋私，不能搞权钱交易。

　　刘一鸣博士的这部专著对我国私营企业在生产经营中遇到的各方面问题进行了深入分析。首先，中国私营企业由于所有制歧视面临着严重的"融资难、融资贵、融资慢"困境，拓展融资渠道、提升融资能力对于私营企业的创新发展来说至关重要。而企业家为了获取更多的外部融资，会采用不同的方式来拓宽融资渠道，提升融资水平。其次，在经济转型时期，社会资本中企业家与同行、金融机构、亲友及政府间进行的非生产性社交活动对于企业的研发创新活动起到了显著的促进作用，企业家的政治身份会使得企业没有研发创新动力，但是会通过企业家的社交活动对企业研发创新产生促进作用，而且社会资本对于企业绩效的提升也发挥了显著的促进作用。再次，由官员更替导致的潜在政策不确定性可能会影响企业家的管理劳动时间配置与经费投资决策。但从长期来看，官员更替可以给私营企业发展营造一个更加公平公正的外部发展空间，对于私营企业乃至整个国

---

① 引自2016年3月4日习近平总书记参加政协民建、工商联界联组会讲话全文（参见新华网：https：//www.chinanews.com.cn/gn/2016/03－09/7789310.shtml）。

民经济的发展来说，都是更加有利的。最后，为了促进民营经济的高质量发展，劳动力质量发挥了不可或缺的重要作用，在民营企业劳动生产率提升方面起了重要推动作用，本书也对此提供了理论与实证的双重检验。综合来看，本书着眼于我国私（民）营企业在发展过程中遇到的困难和问题，找出有利的解决方案，引导我国民营经济朝着更加积极的方向迈进，进而对助推国民经济高质量发展、推动实现共同富裕伟大目标有重要的理论和实践意义。

这些研究都是非常深入和细致的，基于以上研究，刘一鸣博士已在国内权威及核心经济学刊物《经济研究》《世界经济》《财贸经济》《财政研究》《经济科学》《山东大学学报》《中国经济问题》等发表多篇学术论文，部分成果被人大复印资料全文转载；主持承担 2021 年山东省社会科学基金青年项目、中国博士后科学基金第 67 批面上项目、2020 年山东省博士后创新项目、中国博士后科学基金第 14 批特别资助（站中）项目等研究基金。本篇系 2021 年山东省社会科学基金青年项目（21DJJJ04）阶段性研究成果，入选山东大学经济学院学术文库，反映了她研究成果的重要性获得了学术界的认可。这篇专著的出版，将有助于我们认识我国民营经济发展面临某些困难，包括其中的体制、机制因素，以及外部因素和内部因素、客观原因和主观原因等问题，在此基础上才能营造有效竞争的市场环境，建立完善现代市场体系，进而为民营经济健康发展营造不可缺少的外部环境。

王艺明

厦门大学王亚南经济研究院

教授，博士生导师，副院长

摘　　要

　　中国私营企业由于部分金融机构的所有制歧视面临着严重的"融资难"困境，拓展融资渠道、提升融资能力对于私营企业的创新发展来说至关重要。改革开放以来，私营企业的发展得以重新合法化，是我国国民经济发展的重要组成部分，私营企业需在发展过程中不断创新，才是保障其长期可持续发展的法宝。然而，中国的制度环境建设尚不完善、产权保护机制的缺失限制了企业间的公平竞争，提高了企业的运营创新发展成本，私营企业家往往会采取进行慈善捐赠、获取政治身份、进行社交活动等非正式制度替代性策略来弥补我国制度环境的缺失。经过长期的发展，企业家难免会为了获取利益而纷纷参与到寻租活动中，更加剧了我国制度环境的不完善和企业间的不公平竞争。我国目前实行的官员异地交流制度和任期限制，可以形成一定程度上的监管，大大减少了企业家的寻租活动，为企业的发展提供了一个更加公平公正的竞争环境。

　　企业家为了获取更多的外部融资，会采用不同的方式来拓宽融资渠道，提升融资水平。本书首先采用了 2000～2014 年的私营企业调查数据为样本，并将被调查企业根据邮政编码进行手动定位分区，匹配了樊纲等（2016）公布的《中国市场化指数——各地区市场化相对进程》《中国城市统计年鉴》两个数据库，选取了影响企业外部发展环境的相关指标，检验了私营企业主的慈善捐赠行为、政治身份对企业外部融资能力的影响。研究发现，在控制了企业特征、企业家个人特征及地区经济发展状况后，慈善捐赠、政治身份均有助于企业获得更多外部融资支持，大大缓解了私营企业的"融资难"问题；而相对于没有政治关联的企业，有政治关联的私营企业进行慈善捐赠更有助于企业获得外部融资，慈善捐赠行为大大加强了这一政企纽带效应。更重要的是，本书采用了各城市的宗教寺庙数量作为慈善捐赠的工具变量，处理了潜在的内生性问题，依然得到了较为稳健的结果。通过这一实证研究，探讨慈善捐赠、政治关联对提升私营企业外部融资能力的影响，这对于探究我国私营企业的可持续发展有着重要意义。

对于私营企业来说，企业家的时间和企业的经费投资都是有限、宝贵的资源，如何权衡机会成本、合理利用稀缺资源以确保企业的健康发展，是影响企业生存、创新的重要决策。本书进一步采用 2002～2010 年的私营企业调查数据，实证检验了私营企业家在构建社会资本过程中的管理劳动时间分配与经费配置情况对企业研发创新活动的影响。在已有文献的基础上，主要的创新之处在于本书不仅采用了社会资本的经费投资维度、企业家的政治身份，还采用了企业家个人的管理劳动时间精力配置作为社会资本的一项重要度量。同时，本书采用研发创新活动双向指标，即研发创新投入和专利、新产品的产出分别衡量，并对企业绩效进行了检验。经一系列实证研究发现，在经济转型时期，社会资本中企业家与同行、金融机构、亲友及政府间进行的非生产性社交活动对于企业的研发创新活动起到了显著的促进作用，企业家的政治身份会使得企业没有研发创新动力，但是会通过企业家的社交活动对企业研发创新产生促进作用，而且社会资本对于企业绩效的提升也发挥了显著的促进作用。

为了检验发生官员更替时企业家管理劳动时间配置的变动，本书继续以 2002～2010 年私营企业调查数据为样本，与地方官员更替信息进行匹配。研究结果发现，官员更替带来的政策不确定性显著降低了企业家"外出联系生意、开会及公关、招待"等用于构建社会资本的时间配置，但对于企业家"日常经营管理"时间的影响并不显著；进一步地，从构建社会资本的经济成本角度来看，政策不确定性显著增加了企业用于公关招待和摊派的费用。本书的结论说明，短期来看，由官员更替导致的潜在政策不确定性确实会影响企业家的管理劳动时间配置与经费投资决策。从长期来看，官员更替可以给私营企业发展营造一个更加公平公正的外部发展空间，对于私营企业乃至整个国民经济的发展来说，都是更加有利的。本书的研究不仅丰富了企业家战略管理的相关研究，而且从官员更替的视角为企业家时间配置的研究提供了重要的文献参考。

私营企业的发展占据了国民经济发展的重要地位，支持私营企业发展是我国重要的经济政策，私营企业也是我国经济学者的重要研究对象。在当前经济背景下，研究我国私营企业的生产经营绩效无疑有重要的理论和政策意义。尽管已有大量文献研究我国私营企业，但其中研究生产经营绩效的较少。衡量私营企业的生产经营绩效并分析其影响因素，是一个待完成的重要工作。进一步，本书旨在应用马克思主义经济学方法，构建衡量私营企业劳动生产率的经济指标，作为其生产经营绩效的代表变量，分析劳动力质量对企业劳动生产率提高的影响，并采用 2004～2014 年中国私营企业调查数据进行了实证检验。无论从丰富发展马克思主义经济学，还是从促进我国私营企业发展角度，本书的研究都具有重要意义。

综上所述，本书主要从私营企业如何摆脱"融资难"困境，通过采取非正式制度策略获取外部融资，进而用于研发创新项目、劳动生产率提升等方面以维持企业的长期可持续发展，着重研究了企业家的管理劳动和行为模式，如何合理规划自己的时间配置和企业的经费配置来更好地维持、推进企业的发展。研究发现，企业家往往通过进行慈善捐赠、构建社会资本等非正式制度方面的替代性策略，以应对其所面临的所有制歧视、制度环境不完善、政策不确定性等层层限制。基于上述结论，本书继而为私营企业的发展提出了相关的政策建议，希望政府能够继续对私营企业伸出"扶持之手"，促使其与政府部门、银行等金融机构以及同行合作者之间建立良好的社会资本网络体系，增进社会信任，降低交易成本和信息不对称问题。政治环境、法律体系、信贷市场的完善及金融市场的发展可以有效保障私营企业的合理权益和健康发展，为私营企业提供一个良好的环境和空间。而且，私营企业家也不应该过分地关注对外部环境的政治操作，应该注重强化自身能力，不断自我创新、提升内在，再加以政府外部保护、社会资金支持，才能使私营企业得以健康快速发展。

目　　录

第 1 章

引　言

1.1　研究背景与意义

改革开放 40 多年来，中国经历了全面的经济转型与社会转型，在市场化进程中，中国于 2010 年 GDP 水平全面超越了日本，成为仅次于美国的全球第二大经济体。期间，我国私营企业蓬勃发展，习近平总书记指出："民营经济从小到大、由弱变强，在稳定增长、促进创新、增加就业、改善民生等方面发挥了重要作用，成为推动经济社会发展的重要力量。"[①] 支持私营企业发展是我国重要经济政策，私营企业也是我国经济学者们的重要研究对象。私营经济在国民经济的发展中发挥了重要作用，统计资料显示（深圳证券交易所，2008），私营企业从零基础发展到 3800 万家，雇用了约 1.6 亿人，截至 2011 年，私营经济的发展已经占据了 GDP 增长的55%，就业率增长的 70% 也是源于私营企业雇用的劳动者（国家统计局，2013），成为吸纳社会剩余劳动力就业的主要渠道之一，也是我国国民经济发展的主要生力军。但是在我国，国有企业占据着重要的地位，有国有银行强大的资金支持，大部分的金融资源都主要流向了国有企业。而私营企业的发展很大程度上受到所有制歧视，资金短缺甚至资金链断裂危机等融资方面的问题较为严重。企业家为了获取更多的外部融资，也会采用不同的方式来合理安排自身的管理劳动与行为模式，努力拓宽融资渠道，提升融资水平。企业家的慈善捐赠行为作为一种社会责任，可以有效提升企

[①]　引自 2018 年 11 月 1 日习近平总书记在民营企业座谈会上的讲话（参见新华网：http://www.xinhuanet.com/politics/leaders/2018 – 11/01/c_1123649488.htm）。

业声誉（Godfrey，2005）、树立品牌效应（Brammer et al.，2006），在一定程度上有助于其征信能力的提升，帮助其获取更多的银行贷款、社会借款等（Fisman，2001），因此受到了国内外学者们的广泛关注。

中国虽然已经超越日本成为仅次于美国的全球第二大经济体，但是我国的制度环境建设尚不完善，产权保护机制的缺失限制了企业间的公平竞争，提高了企业的运营创新发展成本，取而代之的是企业家通过获取政治身份、公关招待社交等形成的非正式制度，这也是目前私营企业维持自身发展与创新的有效策略，以减少这些动态环境下产生的不确定性对企业发展的干扰（Krueger，1974；Xin and Pearce，1996）。企业家通过进行慈善捐赠、获取政治身份为企业发展拉来了资金资源，在一定程度上可以大大缓解私营企业的融资约束困境，可以将资金用于企业的再投资与创新项目发展，可以为企业带来更多的政策优惠、税收减免，以及确保企业发展的良好外部空间等。在十六大报告中，江泽民同志就指出"创新是一个民族进步的灵魂，是一个国家兴旺发达的不竭动力"。2015 年，李克强总理在《政府工作报告》中提出"大众创业，万众创新"的口号，这"既可以扩大就业、增加居民收入，又有利于促进社会纵向流动和公平正义"。2017年十九大报告中，习近平总书记也强调了"创新是引领发展的第一动力，是建设现代化经济体系的战略支撑"，中国需要加快建设创新型国家。①因此，企业不断进行技术创新是其突破外在竞争压力的重要手段，继而可以获取更长期的生存和发展。

此外，习总书记在十九大报告中还指出，中国要"蹄疾步稳推进全面深化改革，坚决破除各方面体制机制弊端"②。在目前我国财政分权体制下，地方政府在地区经济发展中发挥着重要的作用，地方官员的更替在一定程度上代表了政策的不确定性，这样的"风吹草动"使得企业赖以生存发展的外部环境受到较大影响，从而进一步影响了私营企业的各项投资决策。作为当地领导中的"一把手"的市委书记，掌管着地方政府的主要权力，如产业政策制定、土地资源分配、税收信贷优惠等多个方面的地方政府的主要权力。因此，市委书记的更替可能会带来相应的政策变化，进而影响微观企业的投资决策行为。而私营企业家作为企业的投资决策者，企业家的各项时间配置及经费分配，都会由于官员更替带来的政策不确定性发生转变。但从另一个角度来说，国家采用的官员

---

① ② 中国政府网，http：//www.gov.cn。

更替制度，特别是官员异地交流制度，在很大程度上形成了一定的监管机制，避免了企业发展过程中的不合理政商关系，可以为更多的企业带来创新发展的机会，营造一个更加公平公正的外部发展空间，因此也有利于整个社会资源配置效率的提升，对于我国正式制度的缺失也起到了良好的弥补与完善作用。

研究转型期私营企业的发展，对于我国整个国民经济的发展来说都有着非常重要的现实意义。本书主要从私营企业家的管理劳动和行为模式方面入手，采用了全国私营企业课题组调研的 2000～2012 年的抽样调查数据，通过邮政编码手动定位被调查私营企业所在城市及省份，与《中国城市统计年鉴》《中国市场化指数——各地区市场化相对进程》（樊纲等，2011）、各地方官员更替信息数据相匹配，探究了企业家如何应对私营企业面临的现状、摆脱融资困境、获取外部融资进而用于再投资及研发创新项目，着重研究了企业家如何采取投资策略，合理规划自己的管理劳动时间配置、企业的经费配置来维持、推进企业创新发展，继而为私营企业的发展提出了相关的政策建议。

1.2　研究框架与内容

本书的研究框架主要包括以下几个部分，第 1 章为本书的引言，主要介绍本书的研究背景、研究意义、主要框架内容、研究方法等方面。第 2 章为理论分析与文献综述，通过对国内外已有文献的梳理，加以相应的理论分析，更好地体现出本书研究的创新之处，从整体逻辑方面对本书的结构进行贯穿，更好地将各章内容融合在整个大题目框架下。第 3～6 章是本书的主体部分，主要从私营企业家的管理劳动和行为模式方面对企业创新发展、企业家个人行为的影响进行了探讨。最后第 7 章为本书的结论，根据本书实证研究得出的结论提出相关的政策建议，更加有助于私营企业乃至整个国民经济的发展（见图 1—1）。

改革开放以来，私营企业的发展得以重新合法化，占据了我国国民经济发展的重要组成部分。然而中国私营企业由于所有制歧视面临着严重的"融资难、融资贵"困境，拓展融资渠道、提升融资能力对于私营企业的创新发展来说至关重要。私营企业需在发展过程中不断创新、提升劳动力质量，才是保障其长期可持续发展、做大做强做优的法宝。然而，中国的

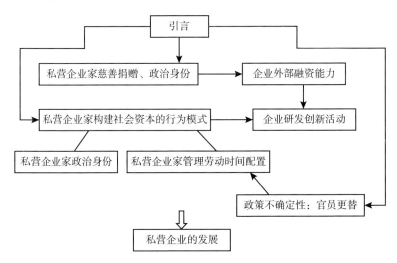

图 1 - 1　研究框架与内容流程

制度环境建设尚不完善、产权保护机制的缺失限制了企业间的公平竞争，提高了企业的运营创新发展成本，取而代之的是企业家与同行、金融机构、亲友及政府间进行社交活动形成的社会资本。在财政分权体制下，地方政府有着较大的决策权，市委书记的更替会导致企业面临的外部政策环境发生变化，影响私营企业的投资决策，企业家的各项时间配置及经费分配，都会由于官员更替带来的政策不确定性发生转变，进而影响企业的决策发展。

本书第 2 章主要介绍了私营企业的研究现状，通过对国内外已有学者的相关文献研究进行综述，从私营企业家的慈善捐赠、社交活动及企业的融资、创新与发展方面展开分析，对比得出本书的研究贡献与创新性，进而从理论分析的角度探究私营企业家管理劳动与行为模式对私营企业发展的影响。

本书第 3 章主要介绍了私营企业的发展现状，即面临所有制歧视导致"融资难"的困境，企业家为了获取更多的资源，进行慈善捐赠、获取政治身份都可以显著提升企业的外部融资能力。私营企业没有国有企业那样有国有银行强大的资金支持，为了突破困境求发展，采取一定的非正式制度替代性策略可以在短时间内取得一定的成效。本章采用 2000 ~ 2014 年的私营企业数据为样本，检验了企业家的慈善捐赠行为是否会提升企业的外部融资能力，并进一步考察了企业家的政治身份，即政治关联在缓解企业融资约束中的作用。在控制了企业家的个人特征、企业所在地区的经济发展状况后发现，慈善捐赠、政治关联均有助于缓解企业的融资约束问题，企业因此可以获得更多的银行贷款、私人借款等外部融资支持；而相对于没有政治关联的企业，存在政治关联的企业进行慈善捐赠更有助于其获得外部债务融资。更重要的是，本章采用了各城市的宗教寺庙数量，特别是宗教影响力较大的省级重点寺院数量作为慈善捐赠的工具变量，处理了潜在的内生性问题，依然得到了较为稳健的结果。

进而，本书在第 4 章研究了企业家如何通过与政府部门、同行、金融机构及亲朋好友建立"社会关系网"，作为企业家独有的社会资本，为企业带来更多的资金和创新投资项目，带动私营企业的发展。对于私营企业来说，企业家的管理劳动时间和企业的经费都是有限、宝贵的资源，如何权衡机会成本、合理利用稀缺资源以确保企业的健康发展，是影响企业生存、创新的重要决策。本章进一步采用 2002～2010 年的私营企业调查数据，研究了私营企业家在企业发展过程中的时间分配与经费配置情况。实证研究发现，在经济转型时期，社会资本中企业家与同行、金融机构、亲友及政府间进行的非生产性社交活动对于企业的研发创新活动起到了显著的促进作用，企业家的政治身份会使得企业没有研发创新动力，但是会通过企业家的社交活动对企业研发创新产生促进作用，而且社会资本对于企业绩效的提升也发挥了显著的促进作用。

本书的第 5 章，主要探讨了由市委书记更替带来的政策不确定性是如何影响企业家的各项决策，尤其是其管理劳动时间配置的。市委书记作为地区官员的"一把手"，掌管着地方政府的主要权力，如产业政策制定、土地资源分配、税收信贷优惠等多个方面。因此，市委书记的更替可能会导致企业面临的外部政策环境发生变化，微观企业行为模式会相应受到影响。本章继续采用 2002～2010 年私营企业调查数据为样本，实证检验了在官员更替带来政策不确定性的条件下企业家管理劳动时间配置的变动，并加入了经费投资决策进行了稳健性检验，来探究私营企业家对政策不确定的反应。实证研究的结果发现，官员更替带来的政策不确定性显著降低了企业家"外出联系生意、开会及公关、招待"等用于构建社会资本的时间配置，但对于企业家"日常经营管理"时间的影响并不显著；进一步地，从构建社会资本的经济成本角度来看，政策不确定性显著增加了企业用于公关招待和摊派等活动的费用。

本书的第 6 章，主要探讨了劳动力质量对私营企业生产经营绩效的影响，主要考察了劳动力质量的提升对其劳动生产率的促进作用。私营企业的发展占据了国民经济发展的重要地位，支持私营企业发展是我国重要的经济政策，私营企业也是我国经济学者们的重要研究对象。在当前经济背景下，研究我国私营企业的生产经营绩效无疑具有重要的理论和政策意义。尽管已有大量文献研究我国私营企业，但其中研究生产经营绩效的较少。衡量私营企业的生产经营绩效并分析其影响因素，是一项待完成的重要工作。进一步，本章旨在应用马克思主义经济学方法，构建衡量私营企业劳动生产率的经济指标，作为其生产经营绩效的代表变量，分析劳动力质量对企业劳动生产率提高的影响，并采用 2004～2014 年中国私营企业调查数据进行了实证检验。无论从丰富发展马克思主义经济学，还是从促进我国私营企业发展角度，本章的研究都具有重要意义。

第 7 章总结了主要结论，本书主要从企业如何摆脱融资困境，获取外部融资进而用于研究创新项目等方面，着重研究了企业家的管理劳动和行为模式，如何合理规划自己的各项时间配置和企业的经费配置，研究发现企业家往往通过进行慈善捐赠、构建社会资本等非正式制度方面的替代性策略，以应对目前所面临的所有制歧视、制度环境不完善、政策不确定性等层层限制。继而本文为私营企业的发展提出了相关的政策建议，希望政府能够继续对私营企业伸出"扶持之手"，促使其与政府部门、银行等金融机构以及同行合作者之间建立良好的社会资本网络体系，增进社会信任，降低交易成本和信息不对称问题。政治环境、法律体系、信贷市场的完善及金融市场的发展可以有效保障私营企业的合理权益和健康发展，为私营企业提供一个良好的环境和空间。而且，私营企业家也不应该过分地关注对外部环境的政治操作，应该注重强化自身能力，加强高素质、高技能人才的引进，不断自我创新、提升内在，再加以政府的外部保护、社会的资金支持，才能使得私营企业得以健康快速的发展。

1.3　研究方法

本书主要采用了计量经济学中的实证回归分析的方法，根据本书选取的各项数据库中的数据特点选择不同的计量理论模型，主要有逻辑回归模型（Logit 模型）、普通最小二乘法（OLS 模型）、受限因变量选择模型（Tobit 模型）等，同时根据需要选择稳健的标准差（robust standard error）

或行业—年份层面的聚类标准差（cluster standard error），以期获得更为稳健的回归结果。其中 Logit 模型主要用于检验被解释变量为 0 - 1 虚拟变量的情况，可以为 OLS 模型、Tobit 模型的实值回归提供一定的检验基础。接下来，在 Logit 模型回归的基础之上，将本书的各个解释变量、被解释变量采用标准化的处理，以保证回归结果不会因为企业异质性造成结果不可信。同时，本书通过依次控制企业层面财务指标、企业家个人异质性特征变量、地区层面经济发展状况及制度环境状况变量，逐步回归以检验回归结果的稳健性，使本书的回归结果更为可信。

为了检验不同样本间的差异化，本书还采用了针对不同变量的分样本回归方式。首先，为了检验主要核心变量政治关联的作用，本书采用了针对政治关联的分样本检验，可以有效地观察企业家的政治身份在企业发展、创新及企业家行为间的实际影响机制，为本书各章的实证回归分析提供更为丰富、深入的机制检验。其次，本书还针对被调查企业所处的地理位置进行了分样本检验，按照中国四大经济区进行了东部、中部、西部和东北地区划分，做了一些分样本检验，以探究地区经济发展、制度环境状况在企业创新发展中的重要影响机制。同时，考虑到中介效应的影响，本书还选择合适的中介变量进行进一步探讨，更好地度量整个私营企业创新发展的影响机制。最后，为了解决本书实证回归分析中由于逆向因果、遗漏变量等方面可能出现的内生性问题，本书选取了合适的工具变量，采用两阶段最小二乘法（2SLS）、IV - Tobit 模型等进行实证回归分析，通过实证检验，得到了与主回归 Logit 模型、OLS 模型及 Tobit 模型相一致的结论，进一步验证了回归结论的稳健性。

1.4 研 究 创 新

本书主要采用了 2000～2014 年由全国私营企业课题组调查的私营企业数据作为样本，由作者手动根据邮政编码定位到省份、城市，与《中国城市统计年鉴》《中国市场化指数——各地区市场化相对进程》、地方官员更替数据相匹配，探究了企业家如何应对私营企业面临的现状，摆脱融资困境、获取外部融资进而用于再投资及研发创新项目，着重研究了企业家的管理劳动和行为模式，如何合理规划自己的时间配置和企业的经费配置，继而为私营企业的发展提出了相关的政策建议。本书主要有以下方面

的创新:

第 3 章主要采用了 2000～2014 年私营企业组的调查数据,探究了私营企业家进行慈善捐赠和拥有的政治身份对提升企业外部融资能力的影响。不仅研究了作为内部因素的企业家捐赠动机,也分析了政治身份这一外部因素的影响,这对于分析企业家的政治参与和慈善捐赠的动机有一定的意义,可以发现企业家往往将其政治身份和进行慈善捐赠作为获得外部融资的重要工具。同时,本章引入对企业家个人特征的探讨,可以良好控制企业家异质性的影响。进一步地,本章还加入了企业所在地区经济发展的相关指标,控制了企业发展外部环境的影响(Dong et al.,2016),从而由内而外地研究私营企业的发展。更重要的是,本章采用了各城市的宗教寺庙数量,特别是宗教影响力较大的省级重点寺院数量作为慈善捐赠的工具变量,处理了潜在的内生性问题,得到了较为稳健的实证结果,更加印证了本章的基本观点。相对于目前已有的文献,关于慈善捐赠、政治关联与企业融资情况大多是针对上市公司或者上市公司中民营企业的研究,本章采用的我国私营企业调查数据,用于研究我国中小企业的"融资难"问题更加贴近现实意义。而且,本章还针对融资成本不同的银行贷款和私人借款进行了研究,发现面临"融资难"困境的私营企业更加偏好于选择融资成本较低的银行贷款,在作者有限的文献阅读范围内,并没有这一视角的相关研究。本章的研究对探究转型期我国私营企业的可持续发展提供了重要的文献参考。

第 4 章通过采用 2002～2010 年私营企业的调查数据,用企业家社交活动花费的时间成本、经济成本以及企业家的政治身份,对社会资本进行多维度的衡量,从实证研究的角度探讨企业领导者社会资本的行为模式对企业研发创新活动的影响,试图从这样一个新的角度对已有文献做出一些研究贡献,这对于指导中小企业的可持续健康发展有着非常重要的意义。同时,本章研究突破了已有研究中关于短期内时间配置的线性影响,通过加入二次项来探讨长期内企业家各项时间分配产生的非线性关系,从更长远的视角来研究企业家的时间精力配置对企业的研发创新活动的影响,这也是本章采用私营企业数据库的重要优势所在,可以探讨企业家时间配置的影响机制。而且,本章采用了研发创新活动双向指标,即研发创新投入和专利、新产品的产出分别衡量。基于战略选择理论与机会成本理论,通过对私营企业家的社会资本进行时间成本、经济成本及其政治身份等多维度的研究,探讨其对企业研发创新活动的影响,以丰富中国私营企业发展战略决策的相关文献。

本书第 5 章内容有较大的研究贡献，不仅检验了官员更替对企业家管理劳动时间配置的影响，也研究了官员更替对企业家社交活动经济成本的影响。从时间配置和经费决策两个维度来探究企业家是如何应对政策不确定的发生，采用 2002 ~ 2010 年私营企业调查数据、市委书记更替数据、城市统计年鉴、市场化程度指数等数据库相匹配来进行这一影响过程的机制检验。在作者有限的文献阅读范围内，并没有发现国内外学者基于官员更替视角研究企业家时间配置的文章，而且私营企业数据库也是能够提供企业家详细时间配置数据库的较少样本数据，这为本章的研究，继而为本书的研究增添了更多的价值。

本书第 6 章内容的研究贡献在于：首先，应用马克思关于劳动力质量和劳动生产率的基本概念以及劳动价值论等基本原理和方法，分析我国社会主义市场经济条件下出现的民营经济现象。其次，在现有马克思主义经济学研究基础上，本章构建理论模型，并提出基于劳动价值论的企业生产经营绩效衡量指标——劳动生产率的估计方法。马克思在劳动价值论基础上发展的劳动生产率概念，与科技创新、生产力进步密切相关，和现有研究中常用的财务绩效和全要素生产率等指标存在根本区别。无论从丰富发展马克思主义经济学，还是从促进我国民营企业发展角度，本章的研究都有重要意义。

最后，通过第 1 章引言的研究背景介绍，第 2 章理论分析与文献综述的整体概述，第 3 章 ~ 第 6 章从管理劳动和行为模式方面对企业创新发展、企业家个人行为的细致探讨，进而得出相关的政策建议，为私营企业的发展提供了重要的文献参考。

第 2 章

理论分析与文献综述

进入转型期以来，我国的私营企业发展迅速，在国民经济发展中发挥着重要的生力军作用。然而，我国制度环境不完善、产权保护机制的缺失，以及私营企业面临的所有制歧视，使私营企业陷入"融资难"的困境，限制了企业的长期可持续发展。对于我国私营企业发展，特别值得关注的是，近年来一些企业在经营过程中遇到了不少的困难和问题，有"私营企业家形容为遇到了'三座大山'：市场的冰山、融资的高山、转型的火山"，对于其原因，习近平总书记指出，外因主要是"国际经济环境变化""我国经济由高速增长阶段转向高质量发展阶段""政策落实不到位"，[①] 同时还有私营企业自身的原因。私营企业家往往会采取进行慈善捐赠、获取政治身份、进行社交活动等非正式制度替代性策略来弥补我国制度环境的缺失。经过长期的发展，企业家难免会为了获取利益而纷纷参与到寻租活动中，更加剧了我国制度环境的不完善和企业间的不公平竞争。为了给私营企业提供一个良好的环境和空间，中国应当发展更为完善的政治环境、法律体系、信贷市场及金融市场。我国目前实行的官员异地交流制度和任期限制，可以形成一定程度上的监管，大大减少了企业家的寻租活动，为企业的发展提供了一个更加公平公正的竞争环境。接下来，基于本书的研究背景与意义，本章通过对国内外已有学者的相关文献研究进行综述，对比得出本书的研究贡献与创新性，进而从理论分析的角度探究私营企业家管理劳动与行为模式对私营企业发展的影响。

---

① 引自 2018 年 11 月 1 日习近平总书记在民营企业座谈会上的讲话（参见新华网：http://www.xinhuanet.com/politics/leaders/2018 – 11/01/c_1123649488. htm）。

2.1 私营企业家的慈善捐赠

慈善捐赠，本意是个人或企业将一定的实物或资金捐助给需要帮助的对象的行为，从慈善的角度发挥着利他的本质，作为一种最古老的社会责任方式，慈善捐赠也是企业公民行为的核心内容之一（Tuzzolino and Armandi，1981；Saiia，2001）。不仅在国家发生重大自然灾害，如地震、台风等会有大规模来自各方的慈善捐赠活动，在一些公益项目、宗教活动等也会有慈善捐赠活动，主要是来自政府、企业、社会个人等多方面的捐赠。从动机的层面来说，慈善捐赠的动机可以分为利他动机、利润最大化动机、政治和制度力量动机三种（张敏等，2013）。从本意上来说，慈善捐赠的出发点都是不求回报的利他动机，站在慈善的角度为需要帮助的对象提供一定的捐助。调查研究发现，《中国慈善捐助报告（2012 年)》表明 2012 年来自企业的捐赠约占中国整体慈善捐助比重的 58.04%，而私营企业的捐赠额度高达 275.06 亿元，占了企业捐赠总额的 57.98%，对慈善捐助的贡献最大。由此可见，来自企业界的慈善捐赠，在我国慈善组织所募集善款中占据了重要地位（高勇强等，2011），而私营企业的慈善捐赠发挥着更为重要的作用。梁建等（2010）发现企业进行慈善捐赠可以实现组织社会资源、调节贫富差距、缓和社会矛盾及促进社会公平等目的。

然而，企业慈善捐赠不仅仅是一种社会责任，其背后也蕴藏着巨大的潜在利益。慈善捐赠在发挥慈善利他本质之外，还起着一定的战略性作用，企业进行慈善捐赠类似于一种广告宣传，有助于企业提高声誉资本（Godfrey，2005），树立品牌形象（Brammer et al.，2006），提升企业的绩效和价值，改善公司治理结构，进而提升其征信能力用于获取信贷资金。可见，企业家进行慈善捐赠从战略性措施角度来说，可以通过声誉、宣传渠道帮助企业获取更多社会资源、借款支持（Fisman，2001；张敏等，2013），这是慈善捐赠对提升企业融资能力产生的直接作用，更多地体现出慈善捐赠的"利他动机"以及"战略动机"。进一步地，企业融资能力的提升还可以从资源资金方面为企业的研发创新提供支持，只有不断地进行创新，才能突破种种限制获得长期可持续发展。

我国的制度环境不够完善，企业不得不采取非正式手段获取资源（Li et al.，2008a；戴亦一等，2009），慈善捐赠本身没有法律风险，且符合公众的价值观，是企业与政府部门建立稳定纽带关系的最佳选择。同样的，私营企业的产权保护问题面临着挑战，私营经济的发展环境也得不到有效的保障，政治关联也往往被作为一种替代性机制，企业家通过与政府部门建立政治关系来保障企业发展的外部空间，充分发挥着政府部门"扶持之手"的作用（Shleifer et al.，1994；Frye and Shleifer，1997；余明桂和潘红波，2008；Chan，2012；潘越等，2013）。而且，企业的慈善捐赠行为可以帮助政府承担一定的政治成本，进一步强化了企业与政府之间的纽带关系，政府可以借此实现其社会和政治目标，而企业也可以更好地接近政府资源、获得社会资金支持，形成一种"重复博弈"（Fisman，2001；薛爽和肖星，2011），这一角度也是目前学者们关注的重点。所以，越来越多的企业用慈善捐赠行为来维系与政府之间的纽带关系，以期获得更多的政府资源和各类资金支持（Faccio，2006；罗党论和甄丽明，2008；蔡卫星等，2011；戴亦一等，2014）。国内企业实施的捐赠大部分发生在政府动员和劝募的情况下，带有一定的"捐赠摊派"或"行政捐赠"性质，相对来说，跨国公司则基本没有受到政府部门的干涉（贾明和张喆，2010）。

考虑到慈善捐赠的动机不同，张敏等（2013）将企业的慈善捐赠动机分为利他动机、利润最大化动机、政治和制度力量动机三种，其文章重点关注慈善捐赠的政治和制度力量动机，发现企业家的慈善捐赠行为与其政治身份，均可以为企业提供更多的政府补助和资金支持。同时，也验证了慈善捐赠被视为企业与政府间的纽带，探讨了企业所有制对这一纽带关系的影响。因此，企业家努力成为党员、人大代表、政协委员以及担任政府职务的政治参与需求不断高涨，这样的政治关联在一定程度上使私营企业与政府间的关系更加稳定（Khwaja and Mian，2005；Chen et al.，2013）。政治参与有助于民营企业进入政府管制性行业，从而获得高额利润，大大提高了民营企业的经济绩效（罗党论和刘晓龙，2009）。政治关联还可以有效提高私营经济发展过程中的资源配置效率，避免资源浪费（张敏等，2010）。而且有政治关联的私营企业进行慈善捐赠应比非政治关联的私营企业获得更多的政府资源和资金支持（王鹏程和李建标，2015），同时可以确保企业有更好的发展环境，免除一些不必要的麻烦，这是慈善捐赠对于企业融资能力提升的间接作用，即通过慈善捐赠的"政治和制度力量动机"来发挥作用，从而在一定程度上大大强化了政治关联发挥的作用。

相对于目前已有的文献，关于慈善捐赠、政治关联与企业融资情况大多是针对上市公司或者上市公司中民营企业的研究，本书采用我国私营企业调查数据研究我国中小企业的"融资难"问题更加贴近现实意义。而且，第 3 章还针对融资成本不同的银行贷款和私人借款进行了研究，发现面临"融资难"困境的私营企业更加偏好于选择融资成本较低的银行贷款，在笔者有限的文献阅读范围内，并没有这一视角的相关研究。本书的这一研究贡献对探究转型期我国私营企业的可持续发展提供了重要的文献参考。

2.2　私营企业家的社交活动

由于部分金融机构的所有制歧视，私营企业往往无法像国有企业那样，能够获得国有银行强大的资金支持，因此常常面临融资额度受限、渠道受阻等融资约束问题，限制了企业的运营规模和创新项目发展。因此，私营企业家通过进行慈善捐赠、获取政治身份、进行社交活动等途径，以此来获得政府及社会的产权保护、资金支持和商业机会（Faccio，2006；罗党论和甄丽明，2008；蔡卫星等，2011；戴亦一等，2014）。企业家通过进行社交活动建立起来的"社会关系网"，是除了企业物质资本和企业家人力资本之外企业家特有的宝贵企业资源，也是企业维系资金、得以健康发展的重要工具，进而可以解决企业发展过程中常常面临的市场不完善、"融资难"困境、知识产权保护匮乏等问题。

私营企业家作为私营企业的法人代表，在家庭和社会中扮演着不同的角色，企业家的个人特征在一定程度上也会影响银行对企业的信用评价，对于企业能否获取银行贷款及贷款额度等融资方面也有着重要的影响。同时，企业家拥有着对企业的管理权、决策权等，作为"家长"的他们扮演着企业的人际角色、信息角色和决策者等（Mintzberg，1973；Luthans，1988）。目前已有相关研究大部分都集中于产权保护、融资约束（廖开容和陈爽英，2011；蔡地等，2012）、金融发展（朱恒鹏，2006；解维敏和方红星，2011）、腐败程度（李捷瑜和黄宇丰，2010；何轩等，2016；张峰等，2016；Dong et al.，2016）、环境规制（蒋为，2015）等企业外部发展环境的角度，也有从企业的内部因素如企业家的政治关系（党力等，2015；朱益宏等，2016）、寻租行为（冯天丽等，2008；梁强等，2011；李雪灵等，2012）、社会关系（陈爽英等，2010；李新春等，2016）等方面的研究。这些关于企业领导者时间分配的研究大多集中于描述性分析，探讨企业家行为偏好、管理风格及战略决策偏好，而基于机会成本理论探讨企业家时间精力配置影响企业研发创新活动的研究较少。本书第 4 章基于战略选择理论与机会成本理论，通过对私营企业家管理劳动的时间配置、战略决策的经济成本以及企业家的政治身份等多维度的研究，探讨其对企业研发创新活动的影响，以丰富中国私营企业发展战略决策的相关文献。

企业家花费在企业管理方面的时间成本与经济成本关系着一个企业发展的命脉。企业家的时间配置中，与企业发展相关的分为生产性活动和非生产性活动，即"日常经营管理"与"外出联系生意、开会、公关招待"，他们同时担任企业发展的"大内总管"与"外交家"（Cai et al.，2011；何晓斌等，2013）。一般来说，企业领导者为了维持企业的正常运营，花费在"日常经营管理"上的时间是非常必要的，然而"对外的社交活动"时间安排却有着较大的灵活性，往往会依据企业发展阶段、社会形势等进行不断的调整（Seshadri and Shapira，2001；Verheul et al.，2009）。董等（Dong et al.，2016）探究了营商制度环境对企业家时间配置的影响，发现好的制度环境有利于降低企业家的非生产性社交活动时间，可以将更多的时间精力用于企业的日常经营管理。何轩等（2016）通过各地区当年立案侦查的贪污受贿、挪用公款、巨额财产不明等职务犯罪情况构造了地区腐败程度，发现腐败导致了企业家扭曲性时间配置——非生产性社交活动时间显著增加。

私营企业面临着制度环境缺失和"融资难"困境，难免会选择进行慈善捐赠、获取政治身份、进行社交活动等非正式制度替代性策略，而我国的官员更替政策为企业发展带来了一定的政策不确定性，可以有效避免不合理的社会资本，减少企业家的寻租活动，给私营企业发展营造一个更加公平公正的正式制度环境。作为私营企业的决策者，企业家的各项时间配置及经费分配，都会由于政策不确定性发生转变，进而影响企业的决策发展。目前关于政策不确定性与微观企业的研究主要集中在企业投资行为方面（徐业坤等，2013；曹春方，2013；贾倩等，2013；刘胜等，2016），当发生官员更替时，企业面临的政策不确定性增加，企业此时会选择谨慎、减少或者延迟投资，企业的研发创新活动会显著降低（陈德球等，2016），还会加剧地方国有企业和民营企业的并购交易活动（徐业坤等，2017），直至不确定性得以消除。范子英和田彬彬（2016）则从企业逃税的角度，研究了国税局长的异地交流制度对于抑制政企合谋的重要性。就笔者有限的文献阅读发现，目前并未有学者研究由于官员更替带来的政策不确定性对企业家管理劳动时间配置的影响，因此本书对政策不确定性与私营企业家行为模式方面的研究提供了重要的文献参考。企业家的管理劳动时间配置更能够体现出企业家在企业治理方面的个人偏好，从而反映出其投资决策的异质性。而且，本书的第 5 章从不同角度出发度量了由地方官员更替带来的政策不确定性，既研究了官员任期带来的影响，也探究了官员异地交流制度的影响。

2.3 私营企业的融资、创新与发展

自 1978 年改革开放以来，我国私营经济重新合法化，四十多年来取得了长足发展，在我国，国有企业有国有银行强大的资金支持，而私营企业的发展很大程度上受到资金限制，面临着严重的"融资难"困境。2008年爆发了全球经济危机，冲击了我国国民经济乃至私营经济的发展，同时国家启用了新劳动合同法，部分私营企业因受到冲击纷纷倒闭，相对来说，那些拥有自主研发及核心技术的私营企业则突破危机存留下来（陈爽英等，2010）。可见，为了应对来自国内外市场萎缩、劳动力及原材料成本上升的多重压力，研发创新对于处在经济转型期私营企业的可持续健康发展来说是必不可少的（Hadjimanolis，2000；张萃，2016）。

对于企业家来说，他们与同行、金融机构、亲朋好友以及政府部门间进行的公关招待活动，都是为了形成基于血缘、亲缘、地缘和业缘的"社会关系网"（张萃，2016），即形成了拥有纵向联系、横向联系、社会联系的社会资本（边燕杰和丘海雄，2000）。对于处在制度环境不完善、市场机制不健全的转型期私营企业来说，可以获得更多的产权保护、政策优惠、研发补贴、创新要素及来自这些社会资本的外部融资，都在激励着企业的研发投资意愿（郑丹辉等，2014）。而企业家进行社交活动构建社会资本，也是为了稳定与社会组织、政府间的关系，以间接建立一定的社会关系，来获取相应的外部保护和资金支持（余明桂和潘红波，2008；岁党论和刘晓龙，2009），以期获得长期发展。然而，研发创新活动毕竟需要时间和资本的双重支持，并非一时之事，有些政治关联企业为了尽快取得显而易见的绩效，往往不愿意从事风险高、周期长的研发创新项目，而是

直接选择风险低、获利快的其他项目，短期内可以达到企业价值、企业绩效的快速提升（Fisman，2001；Li and Zhang，2007；Li et al.，2008b），进而导致了企业在研发创新活动中打"退堂鼓"（陈爽英等，2010），可能没有研发创新动力。

诺思（North）曾指出，一个地区的制度环境对企业发展有着非常重要的作用，尤其是一个地区的政治环境（徐业坤等，2013），而官员更替使企业赖以生存发展的外部环境受到较大影响，从而进一步影响了私营企业的各项投资决策。当发生官员更替时，企业面临的政策不确定性增加，已有学者的研究表明，企业此时会选择谨慎、减少或者延迟投资（徐业坤等，2013；曹春方，2013；贾倩等，2013；李凤羽和杨墨竹，2015；饶品贵等，2017），直至不确定性得以消除。然而，这样的更替也使企业家原有的社会资本被切断，社会资本对于企业的发展来说也是一项宝贵的资源，可在很大程度上作为非正式制度替代性策略来弥补我国正式制度的缺失，进而可以解决企业发展过程中常常面临的信息不对称、融资约束困境、知识产权保护匮乏等问题。对于那些有稳定社会资本的企业来说或许会遭到冲击，但总体从长期来看，这样的切断给私营企业发展营造了一个更加公平公正的外部发展空间，可以有效避免不合理的社会资本，减少企业家的寻租活动，对于私营企业乃至整个国民经济的发展来说，都是更加有利的。

值得注意的是，长期以来党和政府非常重视民营企业的党建工作。党的十四届四中全会做出的《中共中央关于加强党的建设几个重大问题的决定》指出："各种新建立的经济组织和社会组织日益增多，需要从实际出发建立党的组织，开展党的活动。"党的十六大首次把非公有制企业的党组织职责任务写入党章，明确规定，凡是有正式党员三人以上的企业都应当成立党的基层组织，并允许私营企业主以其他社会阶层的先进分子的身份申请入党。2005年修订的《公司法》规定，"在公司中，根据中国共产党章程的规定，设立中国共产党的组织"，这为私营企业党建工作提供了法律保障。党的十七届四中全会通过的《中共中央关于加强和改进新形势下党的建设若干重大问题的决定》中提出："抓紧在非公有制经济组织建立党组织，进一步巩固和加强党的基层组织，着力扩大覆盖面、增强生机活力。"2012年5月中共中央办公厅印发的《关于加强和改进非公有制企业党的建设工作的意见（试行）》指出，"加强和改进非公有制企业党的建设工作，是坚持和完善我国基本经济制度、引导非公有制经济健康发展、推动经济社会发展的需要……是以改革创新精神提高党的基层组织建设科学化水平、全面推进党的建设新的伟大工程的需要。"2019 年 12 月 4 日，中共中央、国务院发布实施《关于营造更好发展环境支持民营企业改革发展的意见》，指出要"引导民营企业深化改革、建立健全民营企业党建工作机制"。

私营企业是中国经济学界研究的热点问题之一，学者们围绕着私营企业的政治关联、融资约束、社会责任、职工权益、企业家行为、创业创新以及投资绩效等各方面开展研究。现有对私营企业中党组织所发挥作用的研究，主要围绕着如何保障和改善职工权益（龙小宁和杨进，2014；董志强和魏下海，2018）。在中国社会主义市场经济条件下，私营企业中相当一部分仍是以资本盈利为经营目的，按出资额分配权力与利益，企业劳动者是资本所有者的雇员，劳动合同构成企业关系的基础。按马克思的剩余价值理论，这类企业劳资双方存在着利益矛盾。要实现社会范围的劳资和谐，需要较高的生产力发展水平，有一个比较长的发展过程。党组织保障企业员工权利的作用已经为现有研究所论证，但这种作用不应牺牲企业市场竞争力，相反，私营企业的党建工作作为中国特色社会主义生产关系在企业层面的表现，应该促进企业生产经营效率的提高和生产力的发展。党组织建设通过两个途径促进生产力发展，一方面，推进了管理民主和分配改革，缩小企业内部权力与利益的差距，提高员工对企业管理的知情权和话语权，改善企业内部的劳动平等，通过劳资合作和员工参与促进生产率增长；另一方面，企业生产经营的目标不再仅仅是实现企业主利润的最大化，而是同时要保障员工利益，提高对员工的激励、鼓舞员工士气，从而提高企业劳动生产率。作为中国特色社会主义生产关系在企业层面的表现，党组织建设不但应有利于企业劳动生产率提高，还将积极引导企业落实执政党的执政理念和政治追求，促进国民经济高质量发展，推进国家治理体系和治理能力现代化各项目标任务。

第3章

私营企业家慈善捐赠、政治身份与企业外部融资能力

3.1 引　　言

自1978年改革开放以来，中国的私营企业重新得以合法化，在经济转型四十多年的过程中，2010年中国GDP水平全面超越了日本，成为全球仅次于美国的第二大经济体，其中，私营经济的发展发挥了重要力量。深圳证券交易所2008年的统计资料显示，私营企业从零基础发展到3800万家，雇用了约1.6亿人，私营经济占全国GDP的比重已达65%，成为吸纳社会剩余劳动力就业的主要渠道之一（梁建等，2010），也是我国国民经济发展的主要生力军。

在我国，国有企业占据着重要的地位，有国有银行强大的资金支持，大部分的金融资源都主要流向了国有企业。而私营企业的发展很大程度上受到所有制歧视，资金短缺甚至资金链断裂危机等融资方面的问题较为严重。笔者根据本章所采用的私营企业调查数据整理得到表3-1，2012年被调查的私营企业由于贷款成本增加或过高（48.4%）、担保抵押条件太严（41.2%）、贷款手续繁杂导致错过商机（29.9%）、生产规模缩小（26.4%）等综合作用而遭遇外部融资困境，面临着严重的融资约束问题，企业投资无法达到最优水平。私营企业的外部融资问题是影响其发展的重要因素，在私有产权侵蚀、政策歧视的情况下，私营企业往往由于信息不对称而难以获得银行贷款（白重恩等，2005）。

表 3 – 1   私营企业遭遇 "融资难" 困境原因

原因	比重（%）
贷款成本增加或过高	48.4
担保抵押条件太严	41.2
贷款手续繁杂导致错过商机	29.9
生产规模缩小	26.4
信用等级评定过严	12.7
公开财务信息的要求过高	9.7

注：表中各原因所占比重由作者根据 2012 年私营企业调查问卷整理所得。

根据世界银行投资环境调查（Investment Environmental Survey）的数据显示，中国是 80 个被调查国家中融资约束问题最严重的国家，75% 的中国私营企业将融资约束问题视为企业发展的主要障碍（Claessens and Tzioumis，2006）。邓可斌和曾海舰（2014）指出，国务院发展研究中心主持发布的《中国企业经营者问卷跟踪调查报告》表明，中国企业普遍将融资约束问题作为其发展的主要制约因素。中国私营企业面对这样一个相对恶劣的外部环境，为了能够保证企业的生存和发展，必须采取一定的政治战略处理与外界的关系（张建君和张志学，2005；梁建等，2010）。

对于一家企业来说，最优的融资顺序安排应该是：内部集资——发行债券——发行股票——银行贷款（符戈，2003），然而我国的私营企业面临所有制歧视，融资结构很不合理，除了内部的自有资金，因规模限制也很难通过债券、股票等股权、债券融资方式，主要还是依靠各类银行贷款、私人借款等外部融资。田晓霞（2004）指出，理论界和实务界针对企业融资的研究目的是一致的，都是为了探讨小企业面临的 "融资难" 困境及可能的影响因素，以推动相关部门出台相应措施，从而进一步提高私营企业的投融资效率，充分发挥其在国民经济发展中的重要作用。

企业家为了获取更多的外部融资，也会采用不同的方式来拓宽融资渠道，提升融资水平。企业家的慈善捐赠行为作为一种社会责任，可以有效提升企业声誉（Godfrey，2005）、树立品牌效应（Brammer et al.，2006），在一定程度上有助于其征信能力的提升，企业可以获取更多的银行贷款、社会借款等（Fisman，2001），因此受到了国内外学者们的广泛关注。国内外学者们的文献从不同角度对于企业慈善捐赠行为的动机及经济影响进行了探讨。张敏等（2013）将企业的慈善捐赠动机分为利他动机、利润最大化动机、政治和制度力量动机三种，其文章重点关注慈善捐赠的政治和制度力量动机，进一步探讨企业慈善捐赠行为的经济影响，他认为企业家的慈善捐赠行为与其政治身份，均可以为企业提供更多的政府补助和资金支持。

企业进行慈善捐赠在组织社会资源、调节贫富差距、缓和社会矛盾及促进社会公平的同时（梁建等，2010），既是一种社会责任，也是获取政治资源的一种手段。一方面，企业通过慈善捐赠可以满足政府的社会需求，另一方面也可以获得政府的信任，进而获得税收优惠、政府补贴及各类借款等，是一种"双赢"的政企关系模式。而有政治关联的企业进行慈善捐赠可以进一步增进政企间的这种纽带关系，从一定程度上可以增强慈善捐赠对私营企业外部融资能力提升的促进作用，因此企业家的政治身份也是私营企业发展的关键，这也是私营企业家社会资本的重要组成部分。企业通过提升自身的外部融资能力，可以提高投资的积极性（Fazzari et al.，1988），对于私营企业的发展进而对于整个国民经济的发展有着重要的作用。

本章采用了 2000～2014 年私营企业组的调查数据，探究了私营企业家进行慈善捐赠和拥有的政治身份对提升企业外部融资能力的影响。本章不仅研究了作为内部因素的企业家捐赠行为，也分析了政治身份这一外部因素的影响，这对于分析企业家的政治参与和慈善捐赠的动机有一定的意义，可以发现企业家往往将其政治身份和进行慈善捐赠作为获得外部融资的重要工具，企业家的慈善捐赠行为在某种程度上有着政治和制度力量动机。同时，本章引入对企业家个人特征的探讨，可以良好控制企业家异质性的影响。进一步地，作者还加入了企业所在地区经济发展的相关指标，控制了企业发展外部环境的影响（Dong et al.，2016），从而由内而外地研究私营企业的发展。更重要的是，本章采用了各城市的宗教寺庙数量，特别是宗教影响力较大的省级重点寺院数量作为慈善捐赠的工具变量，处理了潜在的内生性问题，得到了较为稳健的实证结果，更加印证了本章的基本观点。相对于目前已有的文献，关于慈善捐赠、政治关联与企业融资情况大多是针对上市公司或者上市公司中民营企业的研究，本章采用的我国私营企业调查数据，用于研究我国中小企业的"融资难"问题更加贴近现实意义。而且，本章还针对融资成本不同的银行贷款和私人借款进行了研究，发现面临"融资难"困境的私营企业更加偏好于选择融资成本较低的银行贷款，在作者有限的文献阅读范围内，并没有这一视角的相关研究。本章的研究贡献对探究转型期我国私营企业的可持续发展提供了重要的文献参考。

　　本章剩余部分主要内容安排如下：第二部分为制度背景与研究假设，通过总结国内外学者的已有研究并加以理论分析，提出本章所要研究的三个假设；第三部分为数据和模型设计，主要介绍了本章所选用的数据、变量定义和模型设计；第四部分是本章的主要部分——实证分析，通过采用不同的模型、变量进行了回归分析，验证本章提出的假设；第五部分是评述性结论。

3.2　制度背景与研究假设

3.2.1　企业家慈善捐赠与企业外部融资能力

　　在经济转型四十多年的过程中，国有企业占据着重要的地位，有着国有银行强大的资金支持，同时也有着来自政府、社会的政策支持、税收优惠等。我国私营企业虽发展迅速，但是却受到所有制歧视，面临着较为严重的"融资难"困境。而且，我国的法律体系、产品和信贷市场还存在一些社会制度、文化背景差异等问题，使得私营企业的发展面临着较高的不确定性风险，银行基于这样的贷款风险会采取更谨慎的态度，使得私营企业面临着较为严重的融资短缺问题，外部融资渠道也经受着巨大的考验。

　　高勇强等（2011）指出，慈善捐赠作为一种最古老的社会责任方式，是个人或企业将一定的实物或资金捐助给需要帮助的对象的行为，是企业公民行为的核心内容之一（Tuzzolino and Armandi，1981；Saiia，2001）。企业界的慈善捐赠，在我国慈善组织所募集善款中占据着重要地位（高勇强等，2011），其中来自私营企业的慈善捐赠，发挥着更为重要的作用。《中国慈善捐助报告（2012 年）》显示，2012 年企业捐赠约占中国整体慈善捐助比重的 58.04%，其中私营企业捐赠额度高达 275.06 亿元，占企业捐赠总额的 57.98%，对慈善捐助的贡献最大。

国内外越来越多的文献开始关注企业的慈善捐赠问题，企业慈善捐赠不仅是一种社会责任，其背后也蕴藏着巨大的潜在利益。企业进行慈善捐赠在组织社会资源、调节贫富差距、缓和社会矛盾及促进社会公平的同时（梁建等，2010），类似于一种广告宣传，有助于企业树立品牌形象（Brammer et al.，2006），提高声誉资本（Godfrey，2005），改善公司治理结构，提升企业的绩效和价值，进而提升其征信能力用于获取信贷资金。可见，慈善捐赠本身就可以通过声誉、宣传渠道帮助企业获取更多社会资源、借款支持（Fisman，2001；张敏等，2013），这是慈善捐赠对提升企业外部融资能力产生的直接作用，更多地体现出慈善捐赠的"利他动机"。我国的制度环境决定了企业需要采取非正式手段获取资源（Li et al.，2008a；戴亦一等，2009），慈善捐赠本身没有法律风险，且符合公众的价值观，是企业与政府部门建立稳定纽带关系的最佳选择。薛爽和肖星（2011）、菲斯曼（Fisman，2001）认为企业的慈善捐赠行为可以帮助政府承担一定的政治成本，建立并且强化企业与政府之间的纽带关系，政府可以借此实现其社会和政治目标，而企业也可以更好地接近政府资源、获得社会资金支持，形成一种"重复博弈"，这一角度也是目前学者们关注的重点。

3.2.2 企业家慈善捐赠、政治身份与企业外部融资能力

在中国，财政分权意味着政府有着较大的控制权，掌握着各类土地资源、税收补贴和政策制定，而且中国的法律体系、产品及信贷市场并不完善，私营企业的产权保护问题面临着挑战，私营经济的发展环境也得不到有效的保障，因而政治关联往往被作为一种替代性机制，企业家通过与政府部门建立政治关系来保障企业发展的外部空间，充分发挥着政府部门"扶持之手"的作用（Shleifer et al.，1994；Frye and Shleifer，1997；余明桂和潘红波，2008；Chan，2012；潘越等，2013）。在中国的特殊制度环境中，企业家进行慈善捐赠不仅仅是出于社会责任的角度，民营企业融资困难，他们进行捐赠不仅仅是帮助、回馈社会，可能更多的是为了进一步获得政府的资金支持以及各类借款，即政治和制度力量动机。越来越多的企业用慈善捐赠行为来维系与政府之间的纽带关

系，以期获得更多的政府资源和各类资金支持（Faccio，2006；罗党论和甄丽明，2008；蔡卫星等，2011；戴亦一等，2014）。有调查显示，国内企业实施的捐赠，大部分发生在政府动员和劝募的情况下，在一定程度上是"捐赠摊派"或"行政捐赠"，相对来说，跨国公司则基本没有受到政府部门的干涉（贾明和张喆，2010）。同时，张敏（2013）也验证了慈善捐赠被视为企业与政府间的纽带，探讨了企业所有制对这一纽带关系的影响，并且发现这样的纽带关系大大增加了企业，尤其是国有企业从政府手中获取的补贴收入。罗党论和刘晓龙（2009）以我国民营上市公司为样本，探究了民营企业的政治参与对企业绩效的影响，研究发现政治参与有助于民营企业进入政府管制性行业，从而获得高额利润，大大提高了民营企业的经济绩效。政治关联与私营经济发展产生的影响，不仅在于对资源配置的影响，还可以有效提高资源配置效率，避免资源浪费（张敏等，2010）。

企业家努力成为党员、人大代表、政协委员以及担任政府职务的政治参与需求不断高涨，这样的政治关联在一定程度上使得私营企业与政府间的关系更加稳定，类似于国有企业（Khwaja and Mian，2005；Chen et al.，2013）。有政治关联背景的私营企业进行慈善捐赠应比非政治关联的私营企业获得更多的政府资源和资金支持（王鹏程和李建标，2015），同时可以确保企业有更良好的发展环境，获得政府的保护，免除一些不必要的麻烦，这是慈善捐赠对于企业外部融资能力提升的间接作用，即通过慈善捐赠的"政治和制度力量动机"来发挥作用，从而在一定程度上强化了政治关联发挥的作用。政治关联常常被视为私营企业与政府间的"隐性契约"，从而可以降低企业与政府交换的不对称性和不确定性，使二者间的纽带关系更加紧密，保障其资源交换行为更加顺利地进行，更好地实现"双赢"（于蔚等，2012）。政治关联已成为研究私营企业发展的关键（Li et al.，2008b；胡旭阳和史晋川，2008；罗党论和刘晓龙，2009）。

3.2.3　企业家个人异质性与企业外部融资能力

本章在上述企业组织层面分析的基础之上，还针对私营企业家的异质性，如年龄、性别、受教育程度和个人收入水平进行了分析。私营企业家作为一个独立的个体，私营企业的法人代表，在家庭和社会中扮演着不同的角色，而企业家的这些异质性特征在一定程度上也会影响银行对企业的信用评价，对于企业能否获取银行贷款及贷款额度也有着重要的影响。因此，本章加入了对私营企业家个人特征的异质性分析，这些特征都属于人口统计学的指标，却有着很强的社会意义（李路路，1997）。

在社会转型时期，年龄在一定程度上反映了个人的社会资源积累与生活经历，也体现了社会体制的影响，企业家的年龄对于企业的发展与成功有着重要的意义。而从企业家的性别来看，由于男女的生理差异及社会的普遍认同感，认为男性企业家更具有领导创造能力，可以发现大部分的企业家都是男性，根据本章的私营企业调查数据显示，有87.1%的企业家为男性。受教育程度是人力资本的重要体现，是决定社会地位的重要因素之一，私营企业家的受教育程度对于企业的发展有着很大的影响。相对来说，受教育程度较高的企业家可以更好地把握市场机会，更有效地收集和利用信息，对改革中的政策和政治形势变化更为敏感（李路路，1997）。同样，企业家的个人收入水平是企业家经济地位的重要决定因素。综上所述，企业家的经济地位和社会地位决定着一个企业的发展方向，本章也将进一步控制企业家的个人特征变量，这对于研究我国私营企业的外部融资能力也有着重要的意义。

3.2.4　地区经济发展环境与企业外部融资能力

私营企业的发展很大程度上会受到地区经济发展程度，如宏观经济、金融发展程度及市场化程度的影响，而且不同地区间经济金融发展程度有着较大的差距。20世纪90年代，大部分学者利用跨国数据从宏观经济层面对金融发展在经济增长中的作用进行了大量的实证检验（李斌和江伟，2006；King and Levine，1993；Levine and Zervos，1998）。戴亦一等（2009）则研究了不同地区社会资本——社会组织数量、社会参与及社会信用三个维度——对企业债务融资的影响。庄等（Chong et al.，2013）认为银行间的竞争也在很大程度上影响着中小企业信贷约束能力。但这一类研究受限于微观机理探讨的缺乏（Rajan and Zingales，1998），由此学者们开始从微观企业层面探讨金融发展对企业发展的影响（江伟和李斌，2006；唐建新和陈冬，2009；沈红波等，2010；姚耀军和董钢锋，2015）。拉詹和津加莱斯（Rajan and Zingales，1998）指出，金融发展不仅可以在宏观上促进经济增长，于微观层面也可以降低企业外部融资成本，提升其外部融资能力（李科和徐龙炳，2011），从而促进企业乃至整个经济的发展。同时，德米尔古斯·昆特和马克西莫维奇（Demirgüç - Kunt and Maksimovic，1998）、洛夫（Love，2003）、张军（2006）、贝克（Beck et al.，2008）等学者也都分别用不同国家的数据、WEBS 中不同国家的企业微观数据等进行了实证分析得出了相同的结论。而樊纲等（2011）公布的《中国市场化指数——各地区市场化相对进程》中的市场化指数也作为衡量一个地区市场化程度的重要变量（Bai et al.，2006）。由此，本章也对地区发展几项指标（人均 GDP、金融发展、市场化程度、金融市场化程度等）进行了控制，增加企业外部发展环境对其融资能力影响的相关实证研究。

　　基于以上理论分析，本章提出以下假设：

　　假设 1：企业家进行慈善捐赠有助于企业提升其外部融资能力。

　　假设 2：企业家的政治身份可以促进企业提升其外部融资能力。

　　假设 3：与没有政治身份的企业家相比，有政治身份的企业家进行慈善捐赠可进一步提升企业的外部融资能力。

3.3　数据和模型设计

3.3.1　研究样本与数据来源

　　本章研究所使用的数据来自中共中央统战部、全国工商业联合会、国家工商行政管理总局和中国私营经济研究会组成的私营企业课题组主持的 2000～2014 年全国私营企业抽样调查。该调查以中国统计年鉴中私营企业的规模结构和行业结构为依据来选取私营企业样本，全国工商联的下属系统针对私营企业的法人代表——私营企业家开展调查。调查样本涵盖了全国 31 个省、自治区、直辖市的各个行业及各种类型的私营企业。该调查每两年进行一次，每次随机选取不同的企业作为调查样本，其中，每个省份选取 6 个市或县，包括 1 个省会城市、1 个地级市、1 个县级市和 3 个县，各省抽取的私营企业数目取决于其占全国私营企业的比例。

问卷既包括了企业的经营状况，也调查了企业家的个人特征属性。其中，企业的经营情况包括企业类型、资本构成、发展历史、经济效益和融资情况等；企业家的个人信息主要包括年龄、性别、学历、前身工作经历及社会活动、家庭情况等方面。作者通过对被调查企业的邮政编码手动定位企业所属城市、省份，匹配了《中国城市统计年鉴》和樊纲等（2016）公布的《中国市场化指数——各地区市场化相对进程》，构成了本章实证回归的数据样本。

根据研究需要，本章对数据进行了以下处理：剔除了信息不完整、有变量缺失的企业；同时，还剔除了性质较为特殊的金融行业；另外，在调查问卷中企业家年龄一栏中存在数据异常，剔除了企业家年龄小于 18 周岁的企业。最后，本章获得 8532 个样本观测值，样本量足够大，有助于获取更好的估计量和更有效的检验统计量。

3.3.2　变量定义

本章具体的变量说明见表 3 – 2，各因变量、自变量的度量方法如下：

外部融资能力（external financing）：采用私营企业年度人均银行贷款额的对数值来作为企业外部融资能力的度量指标。在稳健性检验部分，本章还采用了不同的代理变量来衡量企业的外部融资能力，如私营企业的资产借款率、年度人均私人借款额的对数值、银行贷款占比以及私人借款占比等指标。同时，在 Logit 模型中，采用企业能否获得银行贷款的虚拟变量进行了回归，1 表示能够获得银行贷款，否则记为 0。

慈善捐赠（charitable donation）：这里分别考察了慈善捐赠行为和慈善捐赠额度对外部融资能力的影响。慈善捐赠行为：企业在被调查年度进行了慈善捐赠记为 1，否则记为 0。慈善捐赠额度：本章以被调查年度企业的实际人均捐赠数量的对数值来衡量。

政治关联（political connection）：采用私营企业家的政治身份代表企业的政治关联情况。参照以往学者们的相关研究并结合调查问卷中的数据，本章采用私营企业家是否为人大代表或政协委员，若是则记为 1，否则为 0；同时，根据私营企业家开办私营企业前的主要经历来衡量，曾在政府部门任职（县级及以上）的记为 1，否则为 0。若企业家以上两种情况满足其一，则认为企业有政治关联，记为 1；均不满足记为 0。

地区发展（regional development）：笔者通过对被调查企业的邮政编码

手动定位企业所属城市，匹配了《中国城市统计年鉴》中城市的金融发展程度（financial development）和人均GDP（GDP per capita，pGDP）两个指标来衡量地区发展程度，探讨地区经济对私营企业发展的影响。其中金融发展程度指标为地区银行贷款额与GDP总量的比值，人均GDP做了对数值处理。同时，还匹配了樊纲等（2011）公布的《中国市场化指数——各地区市场化相对进程》，采用了市场化程度（marketization degree）、金融市场化程度（financial marketization degree）两个指标，控制企业所处地区的外部环境对企业融资能力的影响。

　　控制变量（control variables）：参照已有文献的相关研究，本章选取相关企业特征作为控制变量，同时创新地控制了企业家的个人特征。在企业层面的变量中，第一，考虑了企业规模（size），采用了企业被调查当年雇用的员工数的对数值来衡量。第二，考虑了企业的盈利状况，采用企业的资产收益率（return on assets，roa）来衡量，一个企业的盈利能力也是获得资金支持的重要条件。第三，将企业类型（type）也进行了分组，主要有独资企业、合伙企业、有限责任公司和股份有限公司四种，采用虚拟变量的方法考察不同类型企业面临的融资约束问题。第四，控制了企业的年龄（age），一个企业的创办时间长短，在行业的影响力、竞争力等方面都可以得到体现，而这也往往是贷款方考虑的一个条件。最后，本章对企业所处行业（industry）、被调查年份（year）和所在省份（province）均采用虚拟变量控制了固定效应。由于每个年份调查问卷中行业分类并不统一，本章将所有年份的行业按照13个行业[①]进行整合、划分，以便统一标准。在企业家的个人特征层面，主要控制了年龄（age_er）、性别（gender）、受教育程度（education）和个人收入（income）等。

表3-2　　　　　　　　　　　　　　变量说明

变量名称	变量表示	变量定义
外部融资能力	external financing	ln（银行贷款额/员工数+1）

---

① 13个行业分别为农林牧渔业，采矿业，制造业，电力、煤气、水，建筑业，交通运输，科研技术，住宿餐饮、批发零售，金融业，房地产，信息服务、居民服务、租赁、公共设施，卫生、体育、教育、文化，剩余的编为其他。

续表

变量名称	变量表示	变量定义
慈善捐赠行为	*dummy_donation*	被调查年份是否进行了慈善捐赠，1 = 是，0 = 否
慈善捐赠额度	*charitable donation*	ln（慈善捐赠额/员工数 + 1）
政治关联	*political connection*	人大代表或政协委员、政府任职背景，1 = 是，0 = 否
企业规模	*size*	ln（员工数 + 1）
资产收益率	*roa*	税后净利润/总资产
企业年龄	*age*	调查年份 – 创办年份
企业类型	*type*	1 = 独资，2 = 合伙，3 = 有限责任公司，4 = 股份有限公司
企业家年龄	*age_er*	被调查年份企业家的年龄
企业家性别	*gender*	1 = 男性，0 = 女性
企业家学历	*education*	1 = 小学及以下，2 = 初中，3 = 高中，4 = 大学，5 = 研究生
企业家收入	*income*	ln（企业家的个人年收入 + 1）
金融发展	*financial development*	银行贷款/GDP（全市）
人均 GDP	*pGDP*	ln（人均 GDP + 1）（全市）
市场化程度	*marketization degree*	各地区市场化程度指数
金融市场化程度	*financial marketization degree*	各地区金融市场化程度指数
企业行业	*industry*	行业虚拟变量
调查年份	*year*	年份虚拟变量
省份	*province*	省份虚拟变量

注：表中的变量银行贷款额、慈善捐赠额、企业家个人年收入、GDP 单位均为万元。

3.3.3　模型设计

为了验证本章提出的三个假设，这里采用不同的模型进行了实证分析。为了验证假设 1 和假设 2，文章分别对慈善捐赠和政治关联进行了回归，探讨其对企业外部融资的影响；为了验证假设 3，本章采用是否有政治关联的分样本来检验这一影响机制，具体设定的计量模型如下：

$$financing = \alpha + \beta_1 donation + \beta_2 political + \beta_3 X_{controls} + \sum industry$$
$$+ \sum year + \sum province + \varepsilon \qquad (3-1)$$

$$financing = \alpha + \beta_1 donation + \beta_2 X_{controls} + \sum industry$$
$$+ \sum year + \sum province + \varepsilon$$
$$(political = 1 \ or \ 0) \qquad (3-2)$$

其中，$financing$ 代表外部融资能力，$donation$ 为慈善捐赠，$political$ 为政治关联。$X_{controls}$ 代表各类控制变量，包括企业层面的变量 $size$、roa、age、$type$，分别代表企业的规模、资产收益率、年龄和类型；以及企业家的个人特征控制变量，包括 age_er、$gender$、$education$、$income$，即年龄、性别、学历和个人收入对私营企业外部融资能力的影响；还有地区发展控制变量，包括 $pGDP$、$financial\ development$、$market\ development$、$financial\ market\ development$，代表各地区的人均 GDP、金融发展程度、市场化程度及金融市场化程度。α 代表截距项，β_i 为各解释变量的回归系数，ε 为残差项。

3.4　实证分析与稳健性检验

3.4.1　样本企业概况及变量描述性统计

表 3 - 3 展示了本章所使用数据的样本企业概况，各变量的描述性统计结果及 $Pearson$ 相关系数矩阵如表 3 - 4 所示。考虑到数据可能存在的异常值，本章将所有变量进行了 1% 水平的 $Winsorize$ 处理。从两个表中的数据统计结果可以看出，在 8532 个样本观测企业中，有 46.8% 没有银行贷款，度量外部融资能力的银行贷款额均值为 748.209 万元，标准差为 2108.545 万元，有着较大的差异度。进行过慈善捐赠的企业占总样本的 72.1%，最大捐赠额为 200 万元，平均值为 8.153 万元，标准差为 25.25 万元，可见大多数企业都有过慈善捐赠行为，且不同企业之间捐赠额差异较大。政治关联的指标显示 56.7% 的企业家都具有政治背

景，可见私营企业家的政治参与度较高。进一步，可以发现被调查企业中有慈善捐赠行为且能够获得银行贷款的企业为59.9%；企业家有政治身份且企业能获得银行贷款的企业占61.8%；而企业家既有过慈善捐赠行为又有政治身份的企业能够获得银行贷款的比重为65.5%，占据了被调查企业的重要比重。

表3-3　　　　　　　　样本企业概况（样本容量为8532）

特征	企业数	占比（%）	特征	企业数	占比（%）
银行贷款			政治身份		
有	4535	53.2	有	4840	56.7
无	3997	46.8	无	3692	43.3
慈善捐赠			企业家性别		
有	6148	72.1	男	7435	87.1
无	2384	27.9	女	1097	12.9
企业类型			企业家学历		
独资	1623	19	小学及以下	290	3.4
合伙	444	5.2	初中	1139	13.3
有限责任公司	5811	68.1	中专、高中	2787	32.7
股份有限公司	654	7.7	大专、大学	4068	47.7
			研究生	248	2.9
样本容量6148			样本容量4148		
有捐赠有贷款			有身份有贷款		
有	3685	59.9	有	2992	61.8
无	2463	40.1	无	1848	38.2
样本容量3934					
有捐赠有身份有贷款					
有	2577	65.5			
无	1357	34.5			

注：表格中的数据由作者根据本章所选取调查问卷的数据整合得到。

表3-4　变量描述性统计与 Pearson 相关系数矩阵（样本容量为 8532）

	融资能力	捐赠额度	捐赠行为	政治关联	企业规模	资产收益率	企业年龄	企业家年龄	企业家收入	企业类型	企业家性别	企业家学历
融资能力	1.0000											
捐赠额度	0.2787***	1.0000										
捐赠行为	0.0537***	0.0912***	1.0000									
政治关联	0.0502***	0.0745***	0.2423***	1.0000								
企业规模	0.3070***	0.1887***	0.0941***	0.1075***	1.0000							
资产收益率	0.0129	0.0155*	0.0048	0.0071	0.0052	1.0000						
企业年龄	0.0520***	0.0423***	0.1673***	0.1697***	0.0832***	0.0228***	1.0000					
企业家年龄	0.0398***	0.0369***	0.0703***	0.1010***	0.0584***	0.0020	0.2168***	1.0000				
企业家收入	0.0073	0.1863***	0.0543***	0.0166**	0.0196***	0.0087	0.0073	-0.0063	1.0000			
企业类型	0.0597***	0.0622***	0.0487***	0.0086	0.0831***	-0.0090	-0.0098	0.0208***	0.0014	1.0000		
企业家性别	0.0103	0.0069	0.0553***	0.0594***	0.0289***	-0.0010	0.0451***	0.0807***	0.0079	0.0223***	1.0000	
企业家学历	0.0352***	0.0262***	0.0471***	-0.0230***	0.0384***	0.0081	0.0251***	-0.0969***	0.0171**	0.1304***	-0.0222***	1.0000
最小值	0	0	0	0	2000	-0.318	1	26	0	1	0	1
最大值	14270	200	1	1		4	21	66	100	4	1	5
均值	748.209	8.153	0.721	0.567	148.876	0.296	8.267	45.261	13.013	2.644	0.871	3.333
标准差	2108.545	25.250	0.449	0.495	305.206	0.608	4.786	8.252	18.109	0.874	0.335	0.867

注：表中显著性水平 *** 代表 $p < 0.01$，** 代表 $p < 0.05$，* 代表 $p < 0.1$。表中的变量对量对企业外部融资能力、慈善捐赠额和企业家个人收入单位均为万元。表中大部分系数都是显著的，且量级小于 0.5，表明变量间有显著的相关性但不存在特别严重的多重共线性问题。

从企业类型的概况可以看出，被调查的企业大多数为有限责任公司，其次为独资企业，合伙和股份有限公司相对较少，其中企业规模最大的雇用员工数高达 2000 人，平均也有 148 人，标准差为 305.206，可见公司规模差异较大。资产收益率最高的企业为 400%，最低为 −31.8%，有些企业面临亏损状态。四种类型的企业参与调查，可以有助于探讨企业规模、盈利能力、慈善捐赠额度等多方面的差异。同时，根据企业家的个人特征可以发现，87.1% 为男性企业家，年龄最大的为 66 岁，最小的为 26 岁；50.6% 的企业家都具备大专及以上学历；企业家的个人收入最高为 100 万元，标准差为 18.109。这些数字显示了私营企业、私营企业家之间各项特征的差别，而后文将分别控制、探讨各变量对企业外部融资能力的影响，并进行实证分析。

从表 3－4 中的 Pearson 相关系数可以看出，企业的慈善捐赠行为及额度、政治关联、企业规模、企业年龄、企业类型，以及企业家的个人年龄和受教育程度都与企业的外部融资能力有着显著的关系（$p < 0.01$）。其中，慈善捐赠额度、行为及政治关联与外部融资能力相关系数分别为 0.2787***、0.0537*** 和 0.0502***。各变量间的这些显著关系量级都小于 0.5，代表变量间不存在特别严重的多重共线性问题。

3.4.2　回归结果分析

本章首先做了简单的 Logit 模型回归分析，对前面所提出的假设进行初步检验，即采用是否获得了银行贷款与是否有慈善捐赠行为等 0－1 虚拟变量进行了回归。

表 3－5 显示了采用 Logit 模型回归的基本结果，通过（1）~（3）列逐次加入各类控制变量，以及（4）~（5）列针对政治关联进行的分样本回归结果显示，关键解释变量慈善捐赠行为、政治关联与被解释变量是否有银行贷款之间有非常显著且稳健的正相关关系。政治关联的分样本结果（4）列系数显著为正、（5）列系数不显著，表明相对于无政治关联的企业，有政治关联的企业在进行慈善捐赠时可以更显著地促进其银行贷款获得的可能。由此可以发现，本章提出的 3 个假设得到了初步的验证。同时可以发现，企业层面控制变量、企业家个人特征控制变量及企业外部发展环境控制变量也或多或少影响着这里的被解释变量——是否获得银行贷款。可见得到的回归结果较为稳健。

表 3 – 5　　　　　　　　　　　　Logit 模型回归结果

变量	是否获得银行贷款				
	（1）	（2）	（3）	（4） 有政治关联	（5） 无政治关联
dummy_donation	0.457 *** （0.0565）	0.426 *** （0.0596）	0.269 *** （0.0922）	0.429 *** （0.131）	0.053 （0.137）
political connection	0.337 *** （0.0539）	0.363 *** （0.0564）	0.406 *** （0.0914）		
size	0.403 *** （0.0196）	0.387 *** （0.0214）	0.386 *** （0.0328）	0.352 *** （0.0412）	0.459 *** （0.0582）
roa	0.018 （0.0397）	– 0.008 （0.0421）	0.007 （0.0618）	– 0.058 （0.0761）	0.129 （0.108）
age	0.052 *** （0.0185）	0.047 ** （0.0194）	0.032 （0.0300）	0.044 （0.0398）	0.018 （0.0514）
age^2	– 0.002 ** （0.000904）	– 0.002 （0.000944）	– 0.001 （0.00147）	– 0.002 （0.00188）	7.25e – 06 （0.00278）
age_er		– 0.005 （0.00316）	– 0.004 （0.00482）	– 0.004 （0.00642）	– 0.004 （0.00773）
ln（income）		0.107 *** （0.0313）	0.212 *** （0.0502）	0.221 *** （0.0644）	0.210 ** （0.0851）
gender		0.184 ** （0.0755）	0.010 （0.113）	0.246 * （0.147）	– 0.147 （0.183）
ln（pGDP）			– 0.273 *** （0.0907）	– 0.102 （0.119）	– 0.610 *** （0.158）
financial development			– 26.67 ** （12.34）	– 28.98 * （17.27）	– 24.79 （19.67）
market development			0.219 （0.136）	0.331 * （0.197）	0.205 （0.217）
financial market development			– 0.032 （0.0685）	0.068 （0.0894）	– 0.208 （0.134）
Constant	– 1.515 *** （0.220）	– 1.513 *** （0.301）	0.315 （1.268）	– 2.412 （1.722）	6.012 *** （2.280）
firm level controls	Y	Y	Y	Y	Y

变量	是否获得银行贷款				
	(1)	(2)	(3)	(4) 有政治关联	(5) 无政治关联
individual level controls	N	Y	Y	Y	Y
region level controls	N	N	Y	Y	Y
fixed effects	Y	Y	Y	Y	Y
Observations	9423	8657	4018	2501	1517
Pseudo R - squared	0.1723	0.1720	0.1884	0.1888	0.1894

注：表中括号内为标准差，*** 代表 $p<0.01$，** 代表 $p<0.05$，* 代表 $p<0.1$。

得到了上述被解释变量为 0 - 1 虚拟变量进行 Logit 模型的初步结果后，文章继续探讨慈善捐赠额度对银行贷款额度的实际影响。表 3 - 6 显示了采用行业和年份进行聚类标准差后的 OLS 回归结果。其中，关键变量慈善捐赠与银行贷款均进行了人均后取对数的标准化处理，这里仍然采用的是逐步加入各控制变量回归的方式，同时进行了政治关联分样本研究。从回归结果来看，采用实际金额进行回归之后的结果仍然符合本章前文的 3 个假设，即企业进行慈善捐赠越多，则可以促进其银行贷款的获得，提升其外部融资能力；同时，政治关联也发挥了良好的促进提升作用，且分样本回归结果显示，有政治关联的企业进行慈善捐赠对外部融资能力的提升作用更显著（两组慈善捐赠系数 t 值比较，5.72 > 3.00），回归结果依然稳健。

表 3 - 6　　　　　　　　　聚类标准差 OLS 回归结果

变量	银行贷款				
	(1)	(2)	(3)	(4) 有政治关联	(5) 无政治关联
ln (*p_charitable donation*)	1.429 *** (0.115)	1.315 *** (0.126)	1.559 *** (0.244)	1.710 *** (0.299)	1.032 *** (0.344)
political connection	0.206 *** (0.0332)	0.216 *** (0.0324)	0.197 *** (0.0305)		
size	0.096 *** (0.0146)	0.072 *** (0.0163)	0.055 * (0.0281)	0.036 (0.0380)	0.077 ** (0.0298)

续表

变量	银行贷款				
	(1)	(2)	(3)	(4) 有政治关联	(5) 无政治关联
roa	-0.021 (0.0259)	-0.039 (0.0256)	-0.009 (0.0286)	-0.020 (0.0407)	-0.005 (0.0637)
age	0.029*** (0.00742)	0.026*** (0.00755)	0.020* (0.0117)	0.032* (0.0168)	0.007 (0.0148)
age^2	-0.001*** (0.0004)	-0.0009** (0.0004)	-0.0007 (0.0007)	-0.001 (0.0009)	-0.0004 (0.0009)
age_er		0.001 (0.0014)	0.002 (0.0023)	0.0006 (0.0026)	0.004 (0.0040)
ln(income)		0.081*** (0.0185)	0.128*** (0.0237)	0.133*** (0.0308)	0.113*** (0.0360)
gender		0.065** (0.0287)	0.031 (0.0319)	0.066* (0.0370)	-0.040 (0.0599)
ln(pGDP)			0.044 (0.0493)	0.115** (0.0514)	-0.093 (0.0700)
financial development			-2.090 (4.231)	-0.153 (4.456)	-4.249 (9.360)
market development			0.047 (0.0725)	0.142 (0.121)	-0.058 (0.0632)
financial market development			-0.051 (0.0343)	-0.002 (0.0528)	-0.146*** (0.0539)
Constant	-0.297** (0.130)	-0.339** (0.154)	-0.836* (0.447)	-2.055*** (0.683)	1.215** (0.600)
firm level controls	Y	Y	Y	Y	Y
individual level controls	N	Y	Y	Y	Y
region level controls	N	N	Y	Y	Y
fixed effects	Y	Y	Y	Y	Y
Observations	9283	8532	4034	2505	1529
R-squared	0.174	0.177	0.212	0.225	0.201

注：括号内为行业和年份的聚类标准差，*** 代表 $p<0.01$，** 代表 $p<0.05$，* 代表 $p<0.1$。(2)~(5) 列加入了企业家个人特征控制变量，(3)~(5) 列加入了企业所在地区经济发展控制变量。

　　考虑到被解释变量银行贷款进行了人均后取对数的处理，其值均大于零，作者进一步采用了 Tobit 模型进行了回归分析，且使用了行业和年份的聚类标准差，主要结果见表 3-7，此处由于篇幅限制略去了控制变量的结果。从关键解释变量的系数来看，慈善捐赠、政治关联的系数仍是 1% 水平显著为正，且（4）~（5）列分样本回归的结果表明有政治关联的企业进行慈善捐赠对外部融资能力的提升作用更显著（两组慈善捐赠系数 t 值比较，5.90 > 3.10），本章的基本结论仍然成立，且逐步加入各类控制变量后结果非常稳健。由于 Tobit 模型的特殊性与本章数据的正值特性相符，所以本章后面的实证结果将继续采用 Tobit 模型来进行回归分析。

表 3-7　　　　　　　聚类标准差 Tobit 模型回归结果——银行贷款

变量	银行贷款				
	（1）	（2）	（3）	（4） 有政治关联	（5） 无政治关联
ln（p_charitable donation）	2.071 *** (0.143)	1.897 *** (0.160)	2.105 *** (0.317)	2.219 *** (0.376)	1.618 *** (0.522)
political connection	0.378 *** (0.056)	0.397 *** (0.053)	0.340 *** (0.059)		
firm level controls	Y	Y	Y	Y	Y
individual level controls	N	Y	Y	Y	Y
region level controls	N	N	Y	Y	Y
fixed effects	Y	Y	Y	Y	Y
Constant	-1.920 *** (0.205)	-1.962 *** (0.306)	-1.601 * (0.864)	-3.673 *** (1.062)	2.782 * (1.577)
Observations	9283	8532	4034	2505	1529
Pseudo R - squared	0.0720	0.0723	0.0878	0.0866	0.0950

　　注：括号内为行业和年份的聚类标准差，*** 代表 $p < 0.01$，* 代表 $p < 0.1$。（2）~（5）列加入了企业家个人特征控制变量，（3）~（5）列加入了企业所在地区经济发展控制变量。此处由于篇幅限制略去了回归中各项控制变量的结果，如有需要可向作者索要。

3.4.3　稳健性检验

　　为了进一步讨论本章各变量间的作用机制，这里采用借款资产率水平作为被解释变量衡量企业总体获得外部融资的情况，进行了更进一步的检验。最终得到了 8659 个样本观测值，这里重新进行了 Tobit 模型回归分析，仍采用了行业和年份的聚类标准差，主要结果见表 3 – 8。慈善捐赠此处依然采用了人均后取对数的标准化处理，借款资产率为原值。从回归系数来看，加入各类控制变量后的结果表明企业的慈善捐赠、政治关联均有助于企业借款资产率占比的提升，从一定程度上反映了企业总体外部融资能力的提升。政治关联分样本的结果也表明，政治关联在企业进行慈善捐赠促进外部融资能力提升的作用中起到了更显著的加强作用（两组慈善捐赠系数 t 值比较，2.87 > 1.83），前文提出的假设得到了良好的验证。

表 3 – 8　　稳健性检验聚类标准差 Tobit 模型回归结果——借款资产率

变量	借款资产率				
	（1）	（2）	（3）	（4） 有政治关联	（5） 无政治关联
ln（p_charitable donation）	0.462 * （0.237）	0.496 * （0.282）	1.740 *** （0.532）	1.750 *** （0.609）	1.484 * （0.812）
political connection	0.072 （0.077）	0.072 （0.078）	0.341 ** （0.141）		
firm level controls	Y	Y	Y	Y	Y
individual level controls	N	Y	Y	Y	Y
region level controls	N	N	Y	Y	Y
fixed effects	Y	Y	Y	Y	Y
Constant	– 0.942 ** （0.419）	– 1.310 ** （0.614）	– 3.742 ** （1.769）	– 5.442 *** （1.976）	– 1.466 （1.740）
Observations	9422	8659	4082	2515	1567
Pseudo R – squared	0.0458	0.0479	0.0519	0.0178	0.0647

注：括号内为行业和年份的聚类标准差，*** 代表 $p < 0.01$，** 代表 $p < 0.05$，* 代表 $p < 0.1$。（2）~（5）列加入了企业家个人特征控制变量，（3）~（5）列加入了企业所在地区经济发展控制变量。同样的，此处由于篇幅限制略去了控制变量的结果，如有需要可向作者索要。

考虑到以上借款中民间借款、个人借款的影响，本章将这类私人借款作为被解释变量进行了 Tobit 回归，来考查慈善捐赠和政治关联对于企业获取成本较高的私人借款①的影响，回归结果显示在表 3 - 9 中。可以发现，慈善捐赠的回归系数无论在量级还是显著性上都有所下降，且政治关联的系数变得不再显著。表明相对于借款成本较低的银行贷款来说，慈善捐赠和政治关联对于私人借款的获取并不再有那么明显的促进作用。我们说，企业进行慈善捐赠有助于企业树立良好的品牌形象和声誉，企业家可以凭借这些作为信用评级的主要优势，进而通过私人社会关系获取一定的民间借款、个人借款等，而政治关联的作用则主要体现在对企业获取银行贷款的帮助上。虽然政治关联的系数并不显著，但政治关联的分样本结果表明政治关联影响下慈善捐赠促进私人借款获取的作用仍在加强，进一步验证了慈善捐赠和政治关联也可以在一定程度上促进企业获取私人借款，这也代表了企业外部融资能力的提升。

表 3 - 9　　　　稳健性检验聚类标准差 Tobit 模型回归结果——私人借款

变量	私人借款				
	(1)	(2)	(3)	(4) 有政治关联	(5) 无政治关联
ln (p_charitable donation)	0.281 (0.177)	0.327* (0.182)	0.882** (0.350)	1.029*** (0.393)	0.076 (1.323)
political connection	0.038 (0.060)	0.052 (0.063)	0.041 (0.091)		
firm level controls	Y	Y	Y	Y	Y
individual level controls	N	Y	Y	Y	Y
region level controls	N	N	Y	Y	Y
fixed effects	Y	Y	Y	Y	Y
Constant	0.406 (0.256)	-0.200 (0.401)	0.456 (1.667)	-0.663 (1.900)	7.471 (5.316)
Observations	6355	5867	2441	1696	745
Pseudo R - squared	0.0893	0.0935	0.0320	0.0934	0.0817

注：括号内为行业和年份的聚类标准差，*** 代表 $p < 0.01$，** 代表 $p < 0.05$，* 代表 $p < 0.1$。

---

① 此处融资成本比较参考中国新闻网于 2018 年 2 月 1 日公开发布的"中国社会融资成本指数"：http：//dw. chinanews. com/chinanews/content. jsp? id = 8438785。

由于单纯考查银行贷款与民间借款的实际数值并不一定能说明慈善捐赠对获得银行贷款和民间借款的促进作用，本章进一步选取了银行贷款/总借款、私人借款/总借款两个占比作为被解释变量进行了进一步的 Tobit 回归，回归结果显示在表 3－10 中。从表中 *Panel A* 的结果可以看出，慈善捐赠对银行贷款占总借款比重的影响是正向的显著作用，政治关联的正向作用基本显著，可以发现企业家的慈善捐赠行为和政治身份对于增加融资成本较低的银行贷款有着非常显著的促进作用。然而政治关联的分样本结果（两组慈善捐赠系数 *t* 值比较，1.99＞1.93）则再一次强有力地支持了文章的假设 3，即有政治关联的企业进行慈善捐赠更显著促进了其获得更多的银行贷款，显著增加了总借款中银行贷款的比重，进而提升其外部融资能力。

表 3－10　　　　　银行贷款比重、私人借款比重 Tobit 回归结果

变量	Panel A 银行贷款比重				
	（1）	（2）	（3）	（4）有政治关联	（5）无政治关联
ln（*p_charitable donation*）	0.853 *** (0.287)	0.850 *** (0.325)	0.508 ** (0.218)	0.419 ** (0.211)	0.710 * (0.368)
political connection	0.220 ** (0.087)	0.236 *** (0.086)	0.115 (0.084)		
Constant	－1.899 *** (0.697)	－1.258 * (0.660)	－1.604 ** (0.714)	－1.438 * (0.827)	－0.866 (1.663)
Observations	5270	4862	3303	2229	1074
Pseudo R－squared	0.0332	0.0339	0.0488	0.0546	0.0561
变量	Panel B 私人借款比重				
	（1）	（2）	（3）	（4）有政治关联	（5）无政治关联
ln（*p_charitable donation*）	－0.100 (0.091)	－0.061 (0.092)	－0.030 (0.118)	0.027 (0.124)	－0.212 (0.176)
political connection	0.002 (0.034)	0.017 (0.031)	0.012 (0.039)		
Constant	0.279 ** (0.137)	0.0914 (0.216)	0.580 (0.491)	0.953 * (0.519)	－0.689 (1.506)
Observations	6540	6032	3639	2400	1239

变量	Panel B　私人借款比重				
	（1）	（2）	（3）	（4） 有政治关联	（5） 无政治关联
Pseudo R - squared	0.0733	0.0777	0.0639	0.0888	0.0577
firm level control variables	Y	Y	Y	Y	Y
individual level control variables	N	Y	Y	Y	Y
region level control variables	N	N	Y	Y	Y
fixed effects	Y	Y	Y	Y	Y

注：括号内为行业和年份的聚类标准差，*** 代表 $p < 0.01$，** 代表 $p < 0.05$，* 代表 $p < 0.1$。

相比较来看，Panel B 中采用私人借款占总借款比重进行的回归结果在系数的正负上发生了较大的变化，慈善捐赠系数为负且并不显著，政治关联的系数也均不显著，分样本的系数也均不显著。总体来看，慈善捐赠与政治关联对私人借款的影响远不如对银行贷款的影响。这一点就符合我们的直观感受，银行贷款相对于私人借款的成本较低，企业需要外部融资时，一般会先考虑融资成本相对较低的银行贷款，因此慈善捐赠与政治关联对企业银行贷款的获取作用更明显一些，而对于高利息高融资成本私人借款的促进作用相对较弱。总体来看，企业家的慈善捐赠与政治身份使得一个企业的外部借款融资能力，尤其是获得融资成本较低的银行贷款能力得到了良好的提升。

3.4.4　内生性问题

考虑到慈善捐赠与企业外部融资能力间可能会有反向因果关系，存在潜在的内生性问题，本章针对慈善捐赠采取工具变量法进行了两阶段最小二乘法（Two Stage Least Square，2SLS）回归分析。关于工具变量的使用，本章创新性地使用了 2010 年各地区的宗教寺庙数量①（取对数）作为企

---

① 2010 年中国各地区宗教寺庙佛教名录数据由作者手动搜集，来源于 http：//www. nanputuo. com/公布的佛教寺院名录。

业慈善捐赠的工具变量。宗教在我国历史悠久，是中国传统文化的重要组成部分之一，一个地区的宗教寺庙数量越多，表明该地区的宗教氛围较为浓厚，宗教文化也较为盛行。而宗教中所讲的"乐善好施"思想在很大程度上也潜移默化地影响着企业家的宗教信仰（王文龙等，2015）。从管理者认知的角度来说，这样的宗教信仰也无疑会通过对企业家个人认知的影响牵动着一个企业的投资决策，因此相对来说会在一定程度上使企业有更大动力去进行慈善捐赠（Vasconcelos，2010；Du et al.，2014）。此外，一个地区的宗教寺庙数量是在历史演变中长期形成的，不受当今经济因素的影响，满足了工具变量的外生性。因此，本章利用了外部宗教环境会影响企业家的慈善捐赠行为这一关系，选取了城市层面的宗教寺庙数量作为慈善捐赠的工具变量，它同时满足了外生性与相关性两个条件，是一个很好的工具变量。同样的，这里在进行两阶段最小二乘法（2SLS）回归时也均控制了企业层面变量与企业家个人特征变量，以保证回归结果的稳健性，同时做了政治关联的分样本回归，考虑到工具变量宗教寺庙数量为城市层面变量的特殊性，回归中均未控制地区层面变量，两阶段的回归结果均显示在表 3 – 11 中。

表 3 – 11　　　　　　　　采用城市寺庙数量的 2SLS 回归结果

变量	Panel A　慈善捐款额度			
	（1）	（2）	（3） 有政治关联	（4） 无政治关联
ln（city level temple）	0.0062 *** （0.0015）	0.0044 *** （0.0015）	0.0057 *** （0.0022）	0.0033 * （0.0019）
Constant	0.007 （0.011）	- 0.031 * （0.019）	0.026 （0.027）	- 0.009 （0.023）
Observations	9236	8488	4799	3689
R - squared	0.125	0.171	0.174	0.195
F - statistics	25.23 ***	21.95 ***	15.55 ***	8.59 ***
变量	Panel B　银行贷款			
	（1）	（2）	（3） 有政治关联	（4） 无政治关联
ln（p_charitable donation）	11.967 *** （4.059）	13.967 ** （6.443）	13.076 ** （6.144）	14.472 （9.447）

变量	Panel B　银行贷款			
	（1）	（2）	（3） 有政治关联	（4） 无政治关联
political connection	− 0. 282 （0. 192）	− 0. 327 （0. 281）		
Constant	− 0. 456 *** （0. 153）	− 0. 009 （0. 292）	− 0. 366 （0. 389）	− 0. 091 （0. 352）
firm level control variables	Y	Y	Y	Y
individual level control variables	N	Y	Y	Y
Observations	9236	8488	4799	3689
chi2	522. 74 ***	554. 03 ***	228. 07 ***	1495. 63 ***

注：括号内为行业和年份的聚类标准差，*** 代表 $p < 0.01$，** 代表 $p < 0.05$，* 代表 $p < 0.1$，（2）~（4）列加入了企业家个人特征控制变量。

　　从表 3 – 11 Panel A 两阶段最小二乘法（2SLS）第一阶段的回归结果来看，选取的工具变量宗教寺庙数据与内生变量慈善捐赠之间有着非常显著的正向关系，得到的慈善捐赠拟合值代入第二阶段的回归中，主要结果在 Panel B 中。可以发现慈善捐赠的系数在 5% 水平上显著为正，而政治关联的系数并不显著，但政治关联的分样本结果充分体现了政治关联在慈善捐赠促进银行贷款获取这一过程中的加强作用，因此本章提出的假设基本得到满足，而且回归结果也是很稳健的。此外，表 3 – 11 Panel A 中第一阶段回归结果前三列的 F 值均大于 10，由此可以证明本章针对内生变量慈善捐赠所选取的是有效的工具变量。

　　综上所述，处理了内生性之后，虽然政治关联本身的系数变得不再显著，但是慈善捐赠对银行贷款获取的促进作用仍然显著，且分样本的结果表明对于有政治关联的企业来说这一作用更显著。由此可见，本章的假设基本得到了验证，即慈善捐赠、政治关联可以有效促进私营企业外部融资能力的提升，以缓解私营企业面临的融资成本高、渠道窄的"融资难"困境，进而有利于私营经济乃至整个国民经济的稳步发展与增长。

　　进一步地，考虑到不同规模、不同影响力的寺庙其影响力不同，单纯采用各地区的宗教寺庙数量可能会使估计结果有偏。而一个地区的宗教环境可以通过该地区宗教人口的数量、宗教寺庙的数量以及宗教参与度等指标来衡量（Hilary and Hui，2009）。1983 年 4 月 9 日，中华人民共和国国务院批转了国务院宗教事务局《关于确定汉族地区佛道教全国重点寺观的报告》，附件中列出了我国汉族地区佛教全国重点寺院名单，最终确定了 142 所省级重点寺庙，后文简称"省级重点寺庙"。而且，1983 年统计的这 142 所寺庙历史悠久，对于整个地区的宗教传统、文化的影响都是较为深远的。而且通过对比可以发现，各省重点寺院数量与其经济发展水平、制度环境程度并不相关，不存在一致或相反的趋势（陈冬华等，2013），符合工具变量的外生性条件。

所以，作者重新采用了这一省级重点寺庙数量（取对数）作为慈善捐赠工具变量，进行了两阶段最小二乘法（2SLS）的回归，得到的结果见表 3 - 12。首先，从 *Panel A* 第一阶段的回归结果来看，选取的工具变量省级重点寺庙数量与企业家的慈善捐赠之间有着较为显著的相关性，且 *F* 值均显著大于 10，可见工具变量符合相关性条件。*Panel B* 第二阶段的回归结果与原来的工具变量——城市寺庙数量基本一致，即企业家的慈善捐赠行为显著促进了企业获得银行贷款，且对于有政治身份的企业家来说效果更加显著，进一步验证了前面的实证结果和本章的各个假设。

表 3 - 12　　　　　　　　　　采用重点寺院的 2SLS 回归结果

变量	Panel A　慈善捐款额度			
	（1）	（2）	（3）有政治关联	（4）无政治关联
ln（key temple）	0.0075 ***（0.0020）	0.0049 **（0.0021）	0.0069 **（0.0030）	0.0018（0.0028）
Constant	0.0165（0.0102）	- 0.0217（0.0176）	0.0364（0.0254）	- 0.0006（0.022）
Observations	9283	8532	4840	3692
R - squared	0.1244	0.1710	0.1748	0.1941
F - statistics	29.80 ***	25.50 ***	17.14 ***	10.11 ***
变量	Panel B　银行贷款			
	（1）	（2）	（3）有政治关联	（4）无政治关联
ln（p_charitable donation）	17.236 ***（4.599）	23.386 **（9.849）	16.402 **（7.283）	61.380（93.547）

续表

变量	Panel B　银行贷款			
	（1）	（2）	（3） 有政治关联	（4） 无政治关联
political connection	− 0.520 ** （0.211）	− 0.730 * （0.416）		
Constant	− 0.586 *** （0.213）	0.129 （0.422）	− 0.557 （0.528）	− 0.139 （1.311）
firm level control variables	Y	Y	Y	Y
individual level control variables	N	Y	Y	Y
Observations	9283	8532	4840	3692
chi2	246.84 ***	146.48 ***	144.83 ***	11.75

注：括号内为异方差稳健的标准差，*** 代表 $p < 0.01$，** 代表 $p < 0.05$，* 代表 $p < 0.1$，（2）~（4）列加入了企业家个人特征控制变量。

3.5　总结与评述

通过本章对 2000 ~ 2014 年中国私营企业的一系列实证分析，可以发现企业家进行慈善捐赠和拥有的政治身份有利于提升企业的外部融资能力，主要是有助于企业获得更多融资成本相对较低的银行贷款。而且有政治关联的企业进行慈善捐赠可以更进一步提升其外部融资能力，从一定程度上缓解了私营企业"融资难"的问题。本章在控制企业层面各类变量的基础上，创新性地加入了企业家个人异质性特征变量。同时将私营企业数据手动定位地区，与《中国城市统计年鉴》《中国市场化进程》两个地区级数据库相匹配，进一步控制了企业外部发展环境的变量，得到了依然稳健、显著的回归结果，充分支持了本章提出的三个假设。更重要的是，本章采用各地区宗教寺庙数量，特别是宗教影响力较大的省级重点寺院数量作为慈善捐赠的工具变量，这也是本章的一个重要创新之处，2SLS 回归的结果仍然较为稳健，符合本章的假设。本章的实证研究丰富了有关私营企业慈善捐赠与政治关联背景的相关文献，同时对于私营企业融资渠道的拓宽、融资能力的提升，进而加快私营企业的创新与发展都有着重要的意义。

自 1978 年以来，中国的私营企业重新得以合法化，在国民经济发展中发挥了重要作用。而我国目前的法律法规制度并不完善，知识产权保护也较弱，私营企业的发展也面临所有制歧视的"融资难"困境。而本书的研究发现，私营企业面对这样的困境，驱使着企业家不得不选择非正式制度的替代性策略——进行慈善捐赠和积极参与政治，以期能够获得更多的资金用于维持、扩大企业的发展。因此，为了给私营企业提供一个良好的环境和空间，中国应当发展更为完善的政治环境、法律体系、信贷市场及金融市场。政府的"扶持之手"应该更多地伸向私营企业，促使其与政府部门、银行等金融机构以及同行合作者之间建立良好的社会资本网络体系，以避免企业家为了获取外部融资而将慈善捐赠、政治参与等当作寻租活动的隐蔽通道，从而扭曲了捐赠行为作为社会责任的慈善利他本质。同时，私营企业要合理利用来之不易的外部融资，大力加强研发创新活动，才能突破"融资难"困境的种种限制，在激烈的竞争中谋生存、求发展，充分发挥国民经济发展生力军的重要作用。改革开放 40 多年来，私营经济作为中国经济制度的内在要素，国民经济高质量发展的重要力量，推动着社会主义市场经济的全面发展。2018 年 11 月 1 日，习总书记在主持召开的民营企业座谈会上充分肯定了中国民营经济的重要地位和作用，提出有力举措，为私营企业的发展指明了方向。2019 年 10 月 31 日，党的十九届四中全会坚持和完善社会主义基本经济制度，提出"健全支持民营经济、外商投资企业发展的法治环境，完善构建亲清政商关系的政策体系"。在 2020 年上半年新冠疫情冲击后国内外环境发生深刻变化的背景下，私营经济的发展面临了诸多困难和问题，因此，研究转型期私营企业的生产发展具有重要的理论和实际意义。

第4章

私营企业家构建社会资本的行为模式与企业研发创新

4.1 引　言

改革开放40多年来，私营经济获得了长足的发展，占据了中国国民经济发展的重要组成部分，是维持中国经济高速、持续增长的不竭动力。截至2011年，私营经济的发展已经占据了GDP增长的55%，就业率增长的70%也是源于私营企业雇佣的劳动者（中国国家统计局，2013）。但由于所有制歧视，私营企业往往无法像国有企业那样，能够获得国有银行强大的资金支持，因此常常面临融资额度受限、渠道受阻等融资约束问题，限制了企业的运营规模和创新项目发展。因此，私营企业家通过进行慈善捐赠、获取政治身份、与其他部门及亲朋好友公关招待社交等途径构建属于自己的社会资本，以此来获得政府及社会的产权保护、资金支持和商业机会（Faccio，2006；罗党论和甄丽明，2008；蔡卫星等，2011；戴亦一等，2014）。然而，企业为了获取更长期的生存和发展，技术创新是企业突破外在竞争压力的重要手段。早在十六大报告中，江泽民同志就指出"创新是一个民族进步的灵魂，是一个国家兴旺发达的不竭动力"。2015年，李克强总理在政府工作报告中提出"大众创业，万众创新"的口号，这"既可以扩大就业、增加居民收入，又有利于促进社会纵向流动和公平正义"。2017年十九大报告中，习近平总书记也强调了"创新是引领发展的第一动力，是建设现代化经济体系的战略支撑"，中国需要加快建设创新型国家。①

习总书记在十九大报告中还指出："当前，国内外形势正在发生深刻复杂变化，我国发展仍处于重要战略机遇期，前景十分光明，挑战也十分严峻"。中国 GDP 总量到目前已增长到 80 万亿元，超越日本成为仅次于美国的全球第二大经济体。但是中国的制度环境建设尚不完善、产权保护机制的缺失限制了企业间的公平竞争，提高了企业的运营创新发展成本，取而代之的是企业家通过与同行、金融机构、亲友及政府间进行的非生产性社交活动等形成的社会资本，这也是目前私营企业维持自身发展与创新的有效策略，应减少这些动态环境下产生的不确定性对企业发展的干扰（Krueger，1974；Xin and Pearce，1996）。在中国，政府在诸多方面有着较大的控制权，政治关联往往被企业家视为一种替代性策略，通过担任政府官员、人大代表、政协委员及行业协会等政治身份，同时通过与政府部门的联系，保障私营企业发展与创新的外部空间。同时，企业家为了获得更多的资源，在与政府建立联系的基础之上，也会与政府部门之外的其他部门、企业、银行、亲朋好友间进行公关招待，建立企业家之间的"社会关系网"，拓展融资渠道、开拓产品市场、增加企业订单、赢得研发创新项目等（Wang and You，2012；Schott and Jensen，2016），从资源资金的角度为企业带来研发创新激励。对于企业家来说，外出联系生意、开会以及进行的社会资本构建，不仅要占用宝贵的时间资源，也需要抽出一部分经济成本来应对。机会成本对于私营企业家来说，可以是采用一定的资源（resources）或时间（time）生产一种商品时，而失去的利用这些资源、时间用于生产其他最佳替代品的机会。企业家如何通过权衡机会成本来有效地分配有限的时间和经济费用，是一项非常重要的决策考验，是一个企业能否持续成长的关键。企业家通过与同行、金融机构、亲友及政府间建立起来的社会资本，是每个企业家特有的宝贵企业资源，也是企业维系资金、得以健康发展的重要工具，进而可以解决企业发展过程中常常面临的信息不对称、"融资难"困境、知识产权保护匮乏等问题，进而带来研发创新激励。

目前国内关于管理者时间配置的微观数据较少，而私营企业调查数据提供了良好的数据样本，可以用来充分研究企业家决策对企业研发创新活动的影响。通过本章 2012 年私营企业的数据样本可以大致了解到企业家

---

① 中国政府网，http：//www.gov.cn。

的时间配置情况，从图4－1的数据来看，企业家每天会花费30.46%的时间（7.31小时）用于企业的"日常经营管理"，14.79%的时间（3.55小时）用于"外出联系生意、开会及公关、招待"，花费6.92%的时间（1.66小时）用来"学习"，8.38%（2.01小时）的时间用来"陪伴家人"，大约32.21%的时间（7.73小时）用来"休息"，剩余约7.25%的时间（1.74小时）为"其他活动"。可见，除去必要的休息时间及企业经营管理时间，企业家还是比较重视通过社交活动、政治参与来建立"社会关系网"的时间安排。目前已有相关研究大部分都集中于产权保护、融资约束（廖开容和陈爽英，2011；蔡地等，2012）、金融发展（朱恒鹏，2006；解维敏和方红星，2011）、腐败程度（李捷瑜和黄宇丰，2010；何轩等，2016；张峰等，2016；Dong，Wei 和 Zhang，2016）、环境规制（蒋为，2015）等企业外部发展环境的角度，也有从企业的内部因素如企业家的政治关系（党力等，2015；朱益宏等，2016）、寻租行为（冯天丽等，2008；梁强等，2011；李雪灵等，2012）、社会关系（陈爽英等，2010；李新春等，2016）等方面的研究。这些关于企业领导者时间分配的研究大多集中于描述性分析，探讨企业家行为偏好、管理风格及战略决策偏好，而基于机会成本理论探讨企业家时间精力配置影响企业研发创新活动的研究较少。

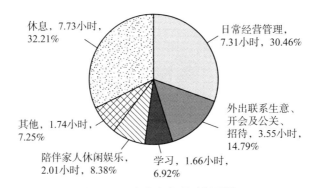

图4－1　企业家各项时间配置

资料来源：图中数据来源于私营企业调查问卷中企业家的各项时间配置计算的平均值。

本章的贡献为通过采用2002～2010年私营企业的调查数据，用企业家社交活动花费的时间成本、经济成本以及企业家的政治身份，对社会资本进行多维度的衡量，从实证研究的角度探讨企业领导者的社会资本对企业研发创新活动的影响，试图从这样一个新的角度对已有文献做出一些研究贡献，这对于指导中小企业的可持续健康发展有着非常重要的意义。同时，本章突破了已有研究中关于短期内时间配置的线性影响，通过加入二次项来探讨长期内企业家各项时间分配产生的非线性关系，从更长远的视角来研究企业家的管理劳动时间精力配置对企业研发创新活动的影响。而且，本章采用研发创新活动双向指标，即研发创新投入和专利、新产品的产出分别衡量，并对企业绩效进行了检验。本章基于战略选择理论与机会成本理论，通过对私营企业家社会资本的行为模式进行时间成本、经济成本以及企业家的政治身份等多维度的研究，探讨其对企业研发创新活动的影响，以丰富中国私营企业发展战略决策的相关文献。

本章剩余部分安排如下：第二部分为理论分析和研究假设，通过制度环境介绍和理论分析，提出本章要验证的假设；第三部分为数据来源和模型设定；第四部分为实证分析；第五部分是本章结论。

4.2　理论分析与研究假设

4.2.1　企业家的社交活动与企业的研发创新

自 1978 年改革开放以来，我国私营经济取得了长足发展，但 2008 年的全球经济危机冲击了我国国民经济乃至私营经济的发展，同时国家启用了新劳动合同法，部分私营企业因受到冲击纷纷倒闭，相对来说，那些拥有自主研发及核心技术的私营企业则突破危机存留下来（陈爽英等，2010）。可见，为了应对来自国内外市场萎缩、劳动力及原材料成本上升的多重压力，研发创新对于处在经济转型期的私营企业的可持续健康发展来说是必不可少的（Hadjimanolis，2000；张萃，2016），是一个企业发展的核心竞争力，也是企业家长期战略决策的重要选择。

私营企业家作为企业的法人代表，拥有着对企业的管理权、决策权等，作为"家长"的他们扮演着企业的人际角色、信息角色和决策者等（Mintzberg，1973；Luthans，1988）。企业家花费在企业管理方面的时间成本与经济成本关系着一个企业发展的命脉。企业家的各项时间配置中，与企业发展相关的分为生产性活动和非生产性活动，即"日常经营管理"与"外出联系生意、开会、公关招待"（本文统称为企业家管理劳动时间），他们同时担任企业发展的"大内总管"与"外交家"（Cai et al.，2011；何晓斌等，2013）。对于一个企业来说，企业家的时间是有限、宝贵的资源，如何权衡机会成本、合理利用稀缺资源、规划好自己的时间安排以确保企业的健康发展，是影响企业生存、创新的重要因素。一般来说，为了维持企业的正常运营，企业家的"日常经营管理"时间是非常必要的，然而"对外的社交活动"时间安排却有着较大的灵活性，往往会依据企业发展阶段、社会形势等进行不断地调整（Seshadri and Shapira，2001；Verheul et al.，2009），会受到外界局势的影响。

然而，有限的不只是企业家的时间，企业经费也限制着企业决策者生产性活动和非生产性活动的经济成本配置，进而影响企业选择创新发展的最优策略。私营企业家与同行、金融机构、亲朋好友以及政府部门间进行的公关招待活动，都是为了形成基于血缘、亲缘、地缘和业缘的"社会关系网"（张萃，2016），即形成了拥有纵向联系、横向联系、社会联系的社会资本（边燕杰和丘海雄，2000）。对于处在制度环境不完善、市场机制不健全的转型期私营企业来说，可以获得更多的产权保护、政策优惠、研发补贴、创新要素及来自这些社会资本的外部融资等，都在一定程度上刺激着企业的研发投资意愿（郑丹辉等，2014）。而企业家构建社会资本，也是为了稳定与社会组织、政府间的关系，防止僵化，以间接建立一定的社会关系，来获取一定的外部保护和资金支持（余明桂和潘红波，2008；罗党论和刘晓龙，2009）。黄玖立和李坤望（2013）也指出，企业家的社交活动产生的时间成本和经济成本兼有"保护费"和"润滑剂"的双重功能，既可以使企业免于政府"掠夺之手"的侵犯，也可以实现某种资源配置功能。

基于以上的理论分析和文献综述，本章提出以下假设：

假设1：企业家在"外出联系生意、开会、公关、招待"花费的时间与企业的研发创新投资间呈倒"U"形关系，即企业家的非生产性社交活动可以促进企业的研发创新投资，超出一定时间后则是不利的。

假设2：企业家在进行社交公关招待、应对各项摊派方面花费的经济成本可以在一定程度内带来企业更多的研发创新投资激励以及专利、新产品等研发创新产出。

4.2.2 企业家的政治身份与企业的研发创新

关于企业家政治身份与企业研发创新的关系研究学者们常常有争论，有些观点支持政治关联的"保护伞"功能，即私营企业通过与政府建立关系可以获取资源资金支持、税收优惠，获取有利的创新商机等，以此来增加企业的投资，会有更多的研发创新活动；而有些观点则支持政治关联的"退堂鼓"作用，认为私营企业通过政治关联可以直接获取更多订单、提升企业绩效，不需要进行耗时耗力的研发创新活动，反而使得企业没有了研发创新的动力。

为了获得更多的政府政策优惠及资源，私营企业家有着较强的政治参与动机，通过担任人大代表、政协委员，或曾经有政府部门任职经历，通过与政府部门建立良好的、稳定的关系，作为私营企业的政治关系资本，这样的政治参与已成为私营企业家战略选择的重要决策之一，也是应对中国正式制度缺陷的替代性非正式制度手段（张建君和张志学，2005；罗党论和唐清泉，2009；梁强等，2011）。从社会资本理论的角度来说，企业家通过获取政治身份、参与各项社交活动等，是除了企业物质资本和企业家人力资本之外的企业自有资本，是企业发展过程中起到关键作用的资源，也是私营企业家为了应对市场不完善、产权保护匮乏、融资约束等发展困境的理性选择。

然而，研发创新活动毕竟需要时间和资本的双重支持，并非一时之事，有些企业为了尽快取得显而易见的绩效，往往不愿意从事风险高、周期长的研发创新项目，而是直接选择风险低、获利快的其他项目，短期内可以达到企业价值、企业绩效的快速提升（Fisman，2001；Li and Zhang，2007；Li et al.，2008b；罗党论和刘晓龙，2009；唐松和孙铮，2014），进而导致了企业在研发创新活动中打"退堂鼓"（陈爽英等，2010），没有研发创新动力。企业为了长期的可持续发展，难免需要进行研发创新活动。虽然有政治关联的企业可能并不会直接投入更多的研发创新资金，但有政治身份的企业家可能有着更深更广的"社会关系网"，他们进行社交活动也可以为企业带来更多的资源资金支持、有利的商机和创新项目等，促进企业的研发创新活动。

基于此，本章提出以下假设：

假设3：企业家拥有的政治身份会通过企业家进行的社交活动影响企业的研发创新活动。

4.3　数据来源和模型设定

4.3.1　数据来源

本章实证研究部分仍然采用了由中共中央统战部、中华全国工商业联合会、国家工商行政管理总局和中国私营经济研究会组成的私营企业课题组主持的 2002～2010 年全国私营企业抽样调查数据，由全国工商联的下属系统针对私营企业的法人代表——企业家开展调查。在调查前，课题组会针对调查员进行筛选和培训，要求被调查者必须是主要投资者本人（业主），不可以由其他人代答。采用调查员提问，被调查者面对面回答的方式，且不允许别人在场旁听，更不允许别人插话、讨论或发表意见，且调查表不可以由被调查者留存。调查完成后，由负责人对每份调查表进行审核，确保适用问题的回答率在 90% 以上，以保证私营企业调查数据的真实性和可用性。进一步地，作者通过对被调查企业的邮政编码手动定位被调查企业所属城市、省份，匹配了《中国城市统计年鉴》，和樊纲等（2011）公布的《中国市场化指数——各地区市场化相对进程》，采用各地区的人均 GDP 水平、金融市场化程度、政府与市场关系、对生产者合法权益保护程度及知识产权保护程度等指标控制了地区层面企业发展环境变量的影响，构成了本章实证研究的数据样本。

根据实证研究需要，本章对回归所采用的私营企业调查数据样本进行了以下处理：首先，剔除了信息缺失、问题回答不完整的企业；其次，剔除了性质较为特殊的金融业企业，同时考虑到上市公司的不同性质类型，企业规模也较大，剔除了已经上市的公司；再次，剔除了企业家年龄不满 18 岁的企业；最后，由于三项数据库匹配的需要，剔除了邮政编码错误、登记不完整的企业。

4.3.2　变量定义

本章的因变量为私营企业的研发创新投入（*research and development investment*，*r&d*），这里采用人均研发创新投资（ln *p_r&d*）及研发创新投资占销售收入比重（*r&d_sales*）的标准化处理分别来衡量，这样进行标准化后便于不同规模、类型企业间的比较，使最后得到的回归结果更有可信度。企业的研发创新投资（人均或占销售收入比重）越高，代表这个企业越注重研发创新。同时，在稳健性检验部分，本章还采用了私营企业已有的技术专利数量（*patent*）与新产品数量（*product*）衡量了企业的研发创新产出，从投入—产出两方面进行了企业研发创新活动的双向探究。其中，研发创新投资、企业已有的技术专利数量与新产品数量等数据均直接来源于私营企业调查问卷。

本章的关键自变量社会资本可以分为企业家的社交活动与政治身份。其中企业家构建社会资本进行的社交活动分为时间成本（*networking*）和经济成本（*socializing*）两个维度，分别为问卷中统计的企业家"外出联系生意、开会、公关、招待"花费的时间（*networking*），以及企业进行公关招待（*socializing*）、摊派（*apportion*）的费用，这里本章对公关招待费用、摊派费用进行了标准化处理，分别采用公关招待额、摊派额占销售收入的比重来衡量。政治关联（*political connection*）这里仍采用私营企业家的政治身份来度量，根据调查问卷中的问题，如果企业家为人大代表或政协委员，或曾在县级及以上政府部门任职过，三者满足其一，那么这里就认定该企业有政治关联。

此外，本章还加入了企业层面、企业家个人特征及地区层面的一些控制变量。其中企业层面的控制变量有：企业规模（*size*），采用企业雇用员工数的对数值来衡量，不同规模的企业的研发创新投资也有着较大差异；企业盈利情况采用了资产收益率（*return on assets*，*roa*）来衡量，一个企业的盈利能力也是企业进行研发创新的巨大动力；同时将企业类型（*type*）作为虚拟变量，考察了独资企业、合伙企业、有限责任公司和股份有限公司等四种类型企业间研发创新投资的差异；还控制了企业年龄（*age*），即企业自注册至被调查年份的年龄，一个企业的创办时间长短，体现了一个企业的行业影响力、竞争力等。本章还控制了企业所处行业（*industry*）、被调查年份（*year*）、所处省份（*province*）的固定效应，其中为了统一不同年份的行业划分标准，作者根据五年的调查问卷进行了整合，重新划分为 13 个行业[①]。

在企业家个人特征方面，本章主要控制了企业家的年龄（*age_er*）、

---

① 13 个行业的划分标准同第 3 章中 3.3.2 节关于私营企业的行业划分标准。

性别（*gender*）、受教育程度（*education*）和个人收入（*income*）等人力资本相关的变量。其中企业家年龄为企业家在被调查年份的实际年龄，受教育程度分为小学及以下、初中、高中、大学及研究生 5 个级别，企业家个人收入这里对其进行了对数化处理。

由于一个企业的发展很大程度上也会受到所处地区的发展环境影响，本章仍是将被调查企业根据邮政编码进行手动定位分区，匹配了樊纲等（2011）公布的《中国市场化指数——各地区市场化相对进程》，采用金融市场化程度、政府与市场关系、对生产者合法权益保护程度及知识产权保护程度等市场化程度指数控制了地区层面企业发展环境变量的影响。同时，作者还分年度匹配了《中国城市统计年鉴》，采用了各地区的人均GDP 水平来控制当地宏观经济发展水平的影响，也作为控制变量加入本章的回归模型中。本章实证过程中涉及的主要变量说明见表 4 - 1。

表 4 - 1　　　　　　　　　　　　变量说明

变量名称	变量表示	变量定义
研发创新投资	*r&d*	ln（研发投资额/员工数 + 1）或研发投资额/销售收入
经营管理时间	*management*	企业家日常经营管理的时间
社交活动时间	*networking*	企业家外出联系生意、开会、公关、招待的时间
公关招待费用	*socializing*	公关招待额/销售收入
摊派费用	*apportion*	摊派额/销售收入
政治关联	*political connection*	是否人大代表、政协委员或曾在政府部门任职
企业规模	*size*	ln（企业雇佣员工数 + 1）
资产收益率	*roa*	税后净利润/总资产
企业年龄	*age*	调查年份—创办年份
企业类型	*type*	独资、合伙、有限责任公司和股份有限公司
企业家年龄	*age_er*	调查年份—出生年份
企业家性别	*gender*	1 = 男性，0 = 女性
企业家学历	*education*	1 = 小学及以下，2 = 初中，3 = 高中，4 = 大学，5 = 研究生
企业家收入	*income*	ln（企业家的个人年收入 + 1）

变量名称	变量表示	变量定义
人均 GDP	*pGDP*	ln（人均 GDP +1）
市场化指数	*marketization indexes*	金融市场化程度、政府与市场关系、对生产者合法权益保护程度与知识产权保护程度等市场化指数
企业行业	*industry*	行业虚拟变量
调查年份	*year*	年份虚拟变量
省份	*province*	省份虚拟变量

注：研发投资额、公关招待额、摊派额、销售收入及企业家个人收入单位为万元，社交活动时间单位为小时。对数化处理时均为加 1 后再取对数。

4.3.3　模型设计

本章采用了不同的模型进行实证分析，验证前面提出的三个假设。为了验证假设 1，本章将企业家的管理劳动时间分配作为解释变量加入回归当中，考察企业家时间配置对企业研发创新投资的影响。同时，考虑到时间投入的非线性特征，在模型中加入了时间配置的二次项，因此设定的模型为：

$$r\&d = \beta_0 + \beta_1 networking + \beta_2 networking^2 + \beta_3 X_T + \beta_4 X_F + \beta_5 X_I$$
$$+ \beta_6 X_R + \sum industry + \sum year + \sum province + \varepsilon \qquad (4-1)$$

为了验证假设 2 和假设 3，本章采用以下模型考察了企业在构建社会资本时进行的公关招待和摊派方面花费的经济成本，以及企业家的政治身份对企业研发创新投资的影响：

$$r\&d = \beta_0 + \beta_1 socializing + \beta_2 apportion + \beta_3 political + \beta_4 X_F + \beta_5 X_I$$
$$+ \beta_6 X_R + \sum industry + \sum year + \sum province + \varepsilon \qquad (4-2)$$

式（4-1）、式（4-2）中，$r\&d$ 代表企业的研发创新投资，*networking* 代表企业家"外出联系生意、开会、公关、招待"等社交活动花费的时间，*socializing* 代表企业家进行公关招待花费的费用，*apportion* 代表企业支出的摊派费用，*political* 代表企业是否有政治关联的虚拟变量，这些关键变量都是企业层面的数据。X_T（*time*）代表除"外出联系生意、开会、公关、招待"外的时间配置，X_F（*firm*）代表企业特征的控制变量，包括企业规模、盈利能力、开办年限和企业所属类型，X_I（*individual*）代表企业家个人特征的控制变量，包括企业家的年龄、性别、受教育程度和个人年收入，X_R（region）代表地区层面的制度环境与经济发展程度等控制变量，包括金融市场化程度、政府与市场关系、对生产者合法权益保护程度、知识产权保护程度等市场化进程指数，以及人均 GDP 水平。同时，三个模型均控制了企业所处行业（industry）、被调查年份（year）及所在省份（province）的固定效应。β_0 代表常数项，β_i 代表自变量与控制变量的系数，ε 为扰动项。

4.4　实证分析与机制检验

4.4.1　变量描述性统计

表 4 - 2 展示了本章采用的主要变量间的 Pearson 相关系数矩阵及各变量的描述性统计结果。为了剔除变量异常值的影响，本章对变量进行了 1% 水平的 Winsorize 处理。表中变量间的相关系数大部分都是显著的，但量级均小于 0.5，表明变量间有显著的相关性但并不存在特别严重的多重共线性问题。首先，企业家"外出联系生意、开会、公关、招待"花费的时间、企业的公关招待费、摊派费、政治关联与企业的研发创新间有显著的正相关关系。这些显著的相关系数也在一定程度上支持了本章提出的待验证假设。其次，企业的规模、年龄、类型等企业特征变量及企业家的年龄、性别、受教育程度、个人收入等企业家个人特征变量与企业的研发创新间的相关系数也是显著为正的。

从变量的描述性统计结果来看，研发创新投资的均值为 47.415 万元，标准差为 166.154，可见不同企业间的研发创新投资额差异较大。企业家"外出联系生意、开会、公关、招待"花费的时间平均有 3.536 小时，相对于劳动者每日工作时间不超过 8 小时的标准工时制度规定，占了很大一部分的比例，而且不同企业家进行社交活动的时间变动差异相对小了很多，可见企业家对进行"对外社交"还是比较重视的。从企业进行公关招待花费的费用来看，平均为 11.353 万元，标准差为 23.526，可见企业进行公关招待在时间上差异不大，但在费用上还是有较高区分度的。再次，企业花费的摊派费用均值为 4.395 万元，标准差为 13.031，平均值低于公

表 4 - 2　Pearson 相关系数矩阵及变量描述性统计

变量	r&d	networking	apportion	socializing	political	size	roa	age	type	age_er	income	gender
networking	0.072 ***											
apportion	0.158 ***	0.078 ***										
socializing	0.318 ***	0.105 ***	0.4154 ***									
political	0.061 *	0.043 ***	0.0294 ***	0.070 ***								
size	0.324 ***	0.057 ***	0.2186 ***	0.388 ***	0.072 ***							
roa	0.063 *	- 0.008	0.0896 ***	0.099 ***	0.002	0.056 ***						
age	0.083 **	- 0.013 *	0.0912 ***	0.113 ***	0.086 ***	0.142 ***	0.020 **					
type	0.097 ***	0.019 **	0.0784 ***	0.132 ***	0.036 ***	0.142 ***	- 0.007	- 0.032 ***				
age_er	0.051 ***	- 0.075 ***	0.0182 *	0.054 ***	0.095 ***	0.105 ***	- 0.015	0.242 ***	0.013			
income	0.199 ***	0.078 ***	0.1947 ***	0.260 ***	0.058 ***	0.207 ***	0.135 ***	0.130 ***	0.045 ***	- 0.006		
gender	0.043 ***	0.073 ***	0.0499 ***	0.074 ***	0.038 ***	0.073 ***	- 0.019 **	0.055 ***	0.035 ***	0.097 ***	0.038 ***	
edu	0.052 ***	- 0.010	0.0155	0.062 ***	0.039 ***	0.044 ***	0.039 ***	- 0.012	0.083 ***	- 0.075 ***	0.069 ***	- 0.018 **
均值	47.415	3.536	4.395	11.353	0.635	137.542	0.271	7.668	2.630	44.921	10.389	0.858
最小值	0	0	0	0	0	0	- 0.333	0	1	26	0	0
最大值	1200	10	100	161	1	2000	4	20	4	66	100	1
标准差	166.154	2.050	13.031	23.526	0.481	297.786	0.588	4.587	0.895	8.252	15.108	0.349

注：表中显著性水平 *** 代表 $p<0.01$，** 代表 $p<0.05$，* 代表 $p<0.1$。r&d 代表研发投资额；networking 代表社交活动时间；apportion 代表摊派额；socializing 代表公关招待额；political 代表企业家政治身份；size 代表企业规模（员工数）；roa 代表资产收益率；age 代表企业年龄；age_er 代表企业家年龄；type 代表企业类型；income 代表企业家个人年收入；gender 代表企业家性别。其中，招待额、摊派额、研发投资额及企业家个人年收入单位均为万元，社交活动的时间单位为小时。

关招待费，说明企业在构建社会资本方面还是倾向于去主动进行社交活动的。政治关联的均值为0.635，表明有63.5%的企业家具有人大代表、政协委员或曾在政府任职等政治背景，可见企业家有着较强的政治参与动机，成为社会资本的一部分。企业规模由雇佣员工数量来衡量，平均约为137人，标准差为297.786表明不同企业间的规模差异较大。而且，企业开办年限平均为7.7年，基本已经有了一定的发展历史。企业家的年龄平均约为45岁，且85.8%为男性，平均受教育程度在高中以上。这些变量均影响着一个企业的发展战略决策，控制这些变量加入到回归中很有必要。

4.4.2　回归结果分析

首先采用了OLS线性回归分析进行实证分析来验证假设1，使用了行业—年份聚类稳健标准差。表4-3报告了企业家各项时间分配与企业研发创新投资间的回归结果，本章采用人均研发投资额的对数值（$\ln p\_r\&d$）作为企业研发创新投资的度量指标，并通过逐次回归加入不同的控制变量，以检验实证结果的稳健性。回归结果中主要考察的是企业家构建社会资本的社交活动时间（$networking$）及其二次项的系数，同时本章还控制了企业家进行经营管理（$management$）、培训学习（$study$）、陪伴家人（$companionship$）等各项活动的时间配置及其二次项，主要考察时间配置与企业研发创新投资间的非线性关系。

从表4-3中社交活动时间及其二次项的系数来看，企业家"外出联系生意、开会、公关、招待"花费的时间与企业的研发创新投入之间呈显著的倒"U"形非线性关系，最优的时间配置为花费8.3小时①用于经营管理、6.3小时用于社交活动。其中，企业经营管理的最优时间8.3小时与前文描述的样本平均值7.3小时很接近，表明理性的企业家用于日常经营管理的时间已基本达到最优配置，所以经营管理时间的变动并不会带来研发创新投资的显著变化。而由于经济成本的限制，企业家一般不会真正选择6.3小时的最优配置用于社交，所以平均大概在3.6小时，处于倒"U"形曲线左半边的上升阶段。加入各项控制变量后，企业家进行公关招待的时间配置与企业的研发创新投资间的倒"U"形非线性关系基本是稳健的，依然很显著。

---

①　此处的8.3小时依据表4-3中第（5）列计算而得，但并不显著。而第（2）列经营管理最优时间为6.58小时，与均值7.3小时比较接近，且在10%水平上显著。

表4-3 企业家时间精力配置与企业的研发创新投资

变量	人均研发创新投资				
	(1)	(2)	(3)	(4)	(5)
management	-0.0100 (0.0193)	0.104** (0.0444)	0.0273 (0.0468)	-0.0113 (0.0414)	0.0183 (0.0388)
management^2		-0.0079** (0.0035)	-0.0031 (0.0037)	0.0004 (0.0029)	-0.0011 (0.0025)
networking	0.0631** (0.0252)	0.172** (0.0753)	0.234*** (0.0526)	0.114** (0.0500)	0.109** (0.0488)
networking^2		-0.0115* (0.0062)	-0.0177*** (0.0055)	-0.0096* (0.0052)	-0.0086 (0.0055)
study	-0.0323 (0.0713)	-0.0943 (0.126)	0.118 (0.120)	0.175 (0.114)	0.120 (0.128)
study^2		0.0146 (0.0309)	-0.0158 (0.0295)	-0.0148 (0.0284)	-0.0055 (0.0302)
companionship	-0.0935*** (0.0339)	-0.122 (0.0730)	-0.186*** (0.0422)	-0.0942* (0.0479)	-0.0668 (0.0525)
companionship^2		0.0041 (0.0107)	0.0135** (0.0064)	0.0093 (0.0080)	0.0071 (0.0089)
Firm Controls	N	N	Y	Y	Y
Entrepreneur Controls	N	N	N	N	Y
Year/Province	N	N	N	Y	Y
Industry	N	N	Y	Y	Y
Constant	-1.987*** (0.387)	-2.464*** (0.238)	0.123 (0.499)	0.956** (0.411)	-0.566 (0.603)
Observations	5251	5251	3907	3907	3550
R-squared	0.010	0.012	0.307	0.350	0.372

注:括号中是经过行业与年份聚类后的稳健标准差,表中***代表$p<0.01$,**代表$p<0.05$,*代表$p<0.1$。

在本章的数据样本中,社交活动包含的是企业家"外出联系生意、开会、公关、招待"的时间,2002年的调查问卷中关于企业家时间配置的分类更加详细,将以上几项拆分为"外出联系生意(*business*)"、"外出开会（meeting）"及"招待、应酬（invitation）"三项。因此本章将这三项分别加入回归中，具体结果见表4-4。表4-4中的回归结果清晰地表明，将企业家社交活动时间切分为以上三项之后，只有花费在"招待、应酬（invitation）"上的时间对于企业的研发创新投入是正向较为显著的促进作用，且基本符合倒"U"形非线性关系。所以，通过2002年企业家"外交活动"更详细的时间配置数据，本章得出的结论是"外交活动"中对研发创新投资起主要促进作用的是企业家与政府、同行及朋友间的"招待、应酬"，即企业家的"社会关系网"对于企业寻找资源、维系资金并投入研发创新项目中起着非常重要的作用。

表4-4 企业家时间精力配置与企业的研发创新投资（2002年）

变量	人均研发创新投资				
	（1）	（2）	（3）	（4）	（5）
$management$	- 0. 0754 * （0. 0401）	- 0. 0561 （0. 173）	- 0. 0395 （0. 182）	0. 0387 （0. 200）	0. 0910 （0. 192）
$management^2$		- 0. 0016 （0. 0118）	- 0. 0007 （0. 0123）	- 0. 0035 （0. 0136）	- 0. 0034 （0. 0128）
$invitation$	- 0. 0393 （0. 0929）	0. 279 （0. 300）	0. 428 （0. 294）	0. 622 ** （0. 304）	0. 499 （0. 318）
$invitation^2$		- 0. 0707 （0. 0609）	- 0. 0934 （0. 0606）	- 0. 121 ** （0. 0610）	- 0. 111 * （0. 0655）
$business$	- 0. 0721 （0. 0722）	- 0. 0334 （0. 199）	0. 0921 （0. 196）	0. 140 （0. 192）	0. 244 （0. 200）
$business^2$		- 0. 0070 （0. 0324）	- 0. 0232 （0. 0338）	- 0. 0290 （0. 0323）	- 0. 0330 （0. 0312）
$meeting$	0. 0795 （0. 136）	0. 0936 （0. 279）	0. 331 （0. 258）	0. 0866 （0. 289）	0. 254 （0. 300）
$meeting^2$		- 0. 0007 （0. 0968）	- 0. 0662 （0. 0791）	- 0. 0362 （0. 0867）	- 0. 0712 （0. 107）
$study$	0. 0936 （0. 126）	0. 0759 （0. 331）	- 0. 0199 （0. 303）	0. 0272 （0. 328）	0. 0091 （0. 359）
$study^2$		0. 0051 （0. 0791）	0. 0197 （0. 0748）	- 0. 0385 （0. 0880）	- 0. 0255 （0. 0914）

续表

变量	人均研发创新投资				
	(1)	(2)	(3)	(4)	(5)
companionship	0.0433 (0.0997)	−0.111 (0.224)	−0.192 (0.220)	−0.130 (0.234)	−0.102 (0.265)
companionship^2		0.0325 (0.0452)	0.0418 (0.0434)	0.0322 (0.0473)	0.0362 (0.0565)
Firm Controls	N	N	Y	Y	Y
Entrepreneur Controls	N	N	N	N	Y
Province	N	N	Y	Y	Y
Industry	N	N	Y	Y	Y
Constant	−0.292 (0.470)	−0.522 (0.755)	0.150 (0.904)	−0.0900 (1.051)	−1.094 (1.418)
Observations	481	481	380	380	359
R−squared	0.013	0.017	0.343	0.431	0.472

注：括号中是异方差稳健的标准差，表中 ** 代表 $p < 0.05$，* 代表 $p < 0.1$。

　　由于很多私营企业规模并不大，且都是家族企业，所有者或管理者就类似于"家长"的角色，是企业的经营管理、研发创新、业务拓展等项目的重要决策者。对于一个成功的管理者来说，往往会花费大部分时间在社交活动上，主要包括与企业内部人员及外部利益相关者打交道，如政府、媒体、客户、同行或投资方等。通过"招待、应酬"一步步组建所谓的企业家"社会关系网"，对于企业维系资源、缓解信息不对称、提高声誉、提升企业绩效及获取商机方面都有重要的作用。因此，企业家在日常的经营管理之外，需要通过一定的"外交活动"来促使企业不断创新、做大做强。

　　由于篇幅限制，此处并未报告企业特征层面、企业家个人特质及地区经济、制度环境等控制变量结果。根据表 4 - 3 中采用的数据样本进行的回归表明，企业的规模、资产收益率、企业年龄及企业家的年龄、学历、个人收入与企业的研发创新投资间的系数都是显著的。而且，逐次加入控制变量后，企业家"外出联系生意、开会、公关、招待"的社交活动时间，尤其是表 4 - 4 中企业家进行"招待、应酬"组建社会资本的时间对于企业研发创新投资的促进作用是非常稳健的。

通过对企业家时间精力配置的回归分析，可以发现企业家非生产性活动构建的社会关系网对于促进企业的研发创新有非常重要的作用。因此本章进一步研究了企业进行公关招待、摊派的经济成本及政治关联程度等，作为社会资本的衡量指标，验证其对企业研发创新投资间的影响情况。表4-5回归中的被解释变量采用企业研发创新投入占销售收入的比重来衡量，考虑到样本企业这一比重均大于0的特殊性，本章在回归时采用了Tobit模型，公关招待费、摊派费也均采用了二者分别占销售收入比重的标准化处理，回归结果如表4-5所示。

表4-5　　　　　　　企业家社会资本经济成本与企业研发创新投资

变量	研发创新销售收入			
	(1)	(2)	(3)	(4)
socializing_sales	0.868 *** (0.240)		0.867 *** (0.245)	0.876 *** (0.266)
apportion_sales	1.898 *** (0.314)		1.979 *** (0.332)	1.913 *** (0.289)
political connection		-0.138 *** (0.0416)	-0.0211 (0.0196)	-0.0206 (0.0207)
Firm Controls	Y	Y	Y	Y
Entrepreneur Controls	N	N	N	Y
Region Controls	N	N	Y	Y
Industry/Year/Province	Y	Y	Y	Y
Constant	0.082 (0.110)	0.226 ** (0.111)	0.099 (0.109)	-0.084 (0.143)
Observations	5733	8373	5623	5144
Pseudo R - squared	0.131	0.023	0.133	0.136

注：括号中是经过行业与年份聚类后的稳健标准差，表中 *** 代表 $p < 0.01$，** 代表 $p < 0.05$。(3) ~ (4) 列控制了地区经济、制度环境等变量。且回归均控制了年份、地区与行业固定效应。

表4-5第（1）列的回归中没有控制政治关联和企业家个人特征变量，可以发现在不考虑政治关联的情况下，企业在公关招待和摊派上花费

的经济成本与企业的研发创新投资间有显著的正效应。可见，积极进行社交活动的企业更愿意主动寻找企业发展的突破口，会有更多的创新动力。而当此处在第（2）列单独考察政治关联对企业研发创新的影响时，发现系数是1%水平显著为负的，可见有政治关联的企业的确没有动力进行研发创新投入。接下来，本章逐步控制更多的变量进行了回归。

　　为了验证回归结果的稳健性，表4-5在第（3）~（4）列的回归中进一步控制了地区经济、制度环境等变量，并逐次控制了企业家个人特征相关变量，得到了公关招待费占比、摊派费占比依然1%水平上显著为正的系数，而政治关联的系数变得不再显著。由于本章采用的数据中无法剥离公关招待中企业家仅与政府间的"招待、应酬"发挥的作用，这里作者认为政治关联作为企业家社会资本的一部分，对研发创新的影响已经体现在企业家进行"招待、应酬"的社交活动中了。因此，政治关联的系数不显著，公关招待费占比、摊派费占比的系数显著且非常稳健。这一结果验证了前面提出的假设2和假设3，即企业家在构建社会资本进行社交公关招待、应对各项摊派方面花费更多的经济成本可以在一定程度上带来企业更多的研发创新投资激励。政治关联本身会抑制企业的研发创新投资，使得企业没有动力进行研发创新，但政治关联作为企业家社会资本的一部分，会通过企业家进行社交活动构建"社会关系网"影响企业的研发创新投资。

4.4.3　进一步探讨

　　前文提及企业所处地区的经济发展和制度环境对企业绩效、研发创新有影响，那么这一作用在不同的地区是否真的会不同呢？接下来，本章依据中国的四大经济区域划分，进行了分样本稳健性检验。为了区分我国经济发展的地域性特征，根据《中共中央、国务院关于促进中部地区崛起的若干意见》《国务院发布关于西部大开发若干政策措施的实施意见》以及党的十六大报告的精神，可以将全国分为四大经济区域：东部地区、东北地区、中部地区和西部地区，同时，针对各地区经济社会发展设定的主要政策为：西部开发、东北振兴、中部崛起、东部率先发展①。

　　从表4-6的回归结果来看，东部地区的回归系数是显著的，企业家

---

　　①　四大经济区域的划分依据来源于中华人民共和国国家统计局公布的《东西中部和东北地区划分方法》。

经营管理和招待应酬的时间对企业的研发创新投资有影响。而且，企业家的招待应酬时间与企业的研发创新投资之间是 5% 水平上显著的非线性倒"U"形关系，企业家经营管理的时间与企业的研发创新投资之间是 10% 水平上显著的非线性"U"形关系。可见，在经济相对发达的东部地区，企业家更容易通过进行公关招待构建企业家社会资本，来促进企业的研发创新，进而企业家会花费更多的时间在"外出联系生意、开会、公关、招待"上，减少了直接针对企业自身发展的经营管理时间，而且较好的制度环境反而强化了企业公关招待对研发创新的促进作用。所以，分地区子样本的回归结果表明，在经济相对发达、制度环境较为健全的东部地区，企业家在进行社交活动方面的时间配置会显著促进企业的研发创新活动，其他地区并未得到显著影响。

表 4-6　企业家时间精力配置与企业的研发创新投资（分地区子样本）

变量	人均研发创新投资			
	东部（1）	东北（2）	中部（3）	西部（4）
$management$	-0.152** (0.0700)	0.392 (0.310)	0.133 (0.0936)	0.292* (0.161)
$management^2$	0.011* (0.0061)	-0.029 (0.0204)	-0.009 (0.0058)	-0.020 (0.0123)
$networking$	0.224*** (0.0769)	-0.043 (0.234)	-0.051 (0.0907)	0.094 (0.162)
$networking^2$	-0.020** (0.0076)	-0.007 (0.0267)	0.005 (0.0127)	-0.013 (0.0193)
$study$	0.085 (0.151)	0.259 (0.392)	0.138 (0.465)	-0.267 (0.439)
$study^2$	0.013 (0.0347)	-0.070 (0.101)	-0.023 (0.0938)	0.046 (0.0898)
$companionship$	-0.055 (0.0946)	-0.042 (0.236)	-0.117 (0.284)	-0.271 (0.203)
$companionship^2$	0.007 (0.0180)	-0.002 (0.037)	0.020 (0.0407)	0.018 (0.0321)
$relax$	0.169 (0.118)	-0.324 (0.286)	-0.513* (0.284)	-0.042 (0.342)

续表

变量	人均研发创新投资			
	东部 (1)	东北 (2)	中部 (3)	西部 (4)
$relax^2$	-0.013 (0.0084)	0.031 (0.0211)	0.030 (0.0184)	0.0006 (0.0264)
Firm/Entrepreneur Controls	Y	Y	Y	Y
Industry/Year/ Province	Y	Y	Y	Y
Constant	-4.391 (4.694)	4.582 (5.384)	-9.127 (9.864)	-9.935 (16.83)
Observations	1590	152	420	336
R-squared	0.315	0.536	0.384	0.443

注：括号中是经过行业与年份聚类后的稳健标准差，表中 *** 代表 $p < 0.01$，** 代表 $p < 0.05$，* 代表 $p < 0.1$。回归均控制了地区经济、制度环境等变量。

　　进一步，本章考察不同经济区域企业的公关招待、摊派的经济成本对企业的研发创新投资的影响，同样采用了 Tobit 模型进行了回归，主要的回归结果显示表 4-7 中。从回归结果来看，（1）列、（3）列代表东部地区、中部地区的关键解释变量均是显著的，即企业构建社会资本进行的公关招待和摊派花费的经济成本，对于企业的研发创新投资是显著的正向促进作用。而政治关联作为企业家社会资本的一部分，只有在东北地区发挥了显著的负效应，且公关招待费、摊派费的影响都是不显著的。对于深处内陆的西部地区来说，企业家的公关招待社交活动也可以显著提升其企业研发创新投资。

表 4-7　企业家社会资本经济成本与企业研发创新（分地区子样本）

变量	研发创新销售收入			
	东部 (1)	东北 (2)	中部 (3)	西部 (4)
socializing_sales	0.710 * (0.391)	0.249 (0.234)	0.659 ** (0.286)	1.220 * (0.725)
apportion_sales	2.550 *** (0.583)	0.157 (0.166)	2.672 *** (0.859)	0.489 (0.790)

续表

变量	研发创新销售收入			
	东部（1）	东北（2）	中部（3）	西部（4）
political connection	− 0.005 （0.0428）	− 0.017 * （0.0092）	0.034 （0.0901）	− 0.113 （0.0966）
Firm/Entrepreneur Controls	Y	Y	Y	Y
Industry/Year/ Province	Y	Y	Y	Y
Constant	− 0.457 （0.633）	− 0.102 （0.937）	− 9.442 *** （3.260）	− 2.440 （2.393）
Observations	2345	350	641	680
Pseudo R − squared	0.172	− 0.139	0.235	0.137

注：括号中是经过行业与年份聚类后的稳健标准差，表中 *** 代表 $p < 0.01$， ** 代表 $p < 0.05$， * 代表 $p < 0.1$。回归均控制了地区经济、制度环境等变量。

综合表4-6、表4-7的结果可见，考察企业在公关招待、摊派上花费的经济成本得到了与时间成本一致的结论，即在经济相对发达、制度环境较为健全的东部、中部地区，商业机会较东北地区、西部地区更多，从地理位置方面来讲，东部率先发展也承担着为其他地区引路、试验的任务，因此东部进而中部地区在发展、转型、改革、转轨的过程中走在前面，其研发创新投资会相对较多，才能更好地带动其余地区企业的发展、绩效的提升。为了获得这些预期绩效更需要社交活动，企业家在构建社会资本时进行的非生产性社交活动对企业研发创新投入的促进作用较为显著。而对于东北地区来说，企业家社会资本中社交活动对企业研发创新投资的促进作用不是很大，但企业家的政治身份发挥着显著的负向影响，这是因为东北地区的产业主要为工业、农业和旅游业，对企业的研发创新投资要求较少，因此处于东北地区的企业本身也缺乏研发创新的动力。综上可见，非正式制度发挥的作用被好的正式制度强化了，二者的作用是互补的。

本章在表4-8中采用私营企业调查问卷中涉及的技术专利数量及设计的新产品数量作为衡量企业研发创新产出能力的指标，检验企业家的社交活动、政治身份对企业研发创新产出的影响。*Panel A* 的被解释变量是企业已有的技术专利数量，*Panel B* 的被解释变量是企业已有的新产品数量，本章回归时采用了专利数量、新产品数量占销售收入的份额进行了标准化处理，且采用了 Tobit 模型。

表 4 - 8　　　　　　企业家社会资本与企业专利、新产品份额

变量	Panel A　技术专利数/销售收入			
	（1）	（2）	（3）	（4）
socializing_sales	0. 065 *** （0. 0116）		0. 064 *** （0. 0128）	0. 068 *** （0. 0145）
apportion_sales	0. 135 *** （0. 0179）		0. 140 *** （0. 0207）	0. 139 *** （0. 0235）
political connection		− 0. 014 *** （0. 0033）	− 0. 008 *** （0. 0014）	− 0. 007 *** （0. 0015）
Constant	0. 012 ** （0. 0051）	0. 022 *** （0. 0038）	− 0. 023 （0. 0281）	− 0. 023 （0. 0341）
Observations	4080	5865	2877	2625
Pseudo R - squared	− 0. 193	− 0. 014	− 0. 218	− 0. 239
变量	Panel B　新产品数/销售收入			
	（1）	（2）	（3）	（4）
socializing_sales	0. 122 *** （0. 0278）		0. 117 *** （0. 0270）	0. 120 *** （0. 0316）
apportion_sales	0. 254 *** （0. 0324）		0. 280 *** （0. 0379）	0. 282 *** （0. 0371）
political connection		− 0. 026 *** （0. 0066）	− 0. 009 *** （0. 0035）	− 0. 011 *** （0. 0041）
Constant	0. 009 （0. 0127）	0. 037 *** （0. 0100）	− 0. 032 （0. 0796）	0. 009 （0. 0983）
Observations	4057	5842	2863	2616
Pseudo R - squared	− 0. 268	− 0. 028	− 0. 329	− 0. 348
Firm Controls	Y	Y	Y	Y
Entrepreneur Controls	N	N	N	Y
Industry/Year/Province	Y	Y	Y	Y

注：括号中是经过行业与年份聚类后的稳健标准差，表中 *** 代表 $p < 0.01$，** 代表 $p < 0.05$。（3）~（4）列控制了地区经济、制度环境等变量。

　　从表4-8的回归结果来看，企业家在公关招待、摊派上花费的经济成本对于企业的研发创新产出也都有着非常显著的促进作用。企业家的政治身份对企业的研发创新产出均是显著的负效应，即有政治关联的企业确实比较没有创新动力，因此在技术专利和新产品等方面的研发创新产出也是较少的。同时，本章逐步加入企业层面、企业家个人层面及地区发展层面的控制变量也得到而非常稳健的结果。总体来看，私营企业家进行的非生产性社交活动对企业整体创新效率的提高确实起到了一定的促进作用，而有政治关联的企业起初因为缺乏研发创新投资的积极性，因此获得的技术专利和新产品等研发创新产出方面也是减少的，这与前文探讨的社交活动与政治关联等社会资本对研发创新投入的影响机制得到了基本一脉相承的结论。

　　在本章文献综述部分，有提及国内部分学者研究了企业家的社会资本对企业绩效的影响，这里也在此进行了再验证，具体的回归结果见表4-9。回归时此处采用企业的资产收益率（净利润/总资产，*return on assets*，*roa*）来衡量企业的盈利能力，将公关招待、摊派的经济成本进行了人均对数标准化处理，来衡量企业家构建社会资本的经济支出。从表4-9中的回归结果来看，企业家进行非生产性社交活动构成的社会资本确实可以为企业带来更多的"订单"，增加企业利润，且随着控制变量的增加结果依然是稳健的。然而政治关联对企业绩效的影响作用并不显著，且量级非常小，说明企业仅仅有政治关联是不够的，要合理利用（如进行社交活动等）才能充分发挥其积极作用。

表4-9　　　　　　　　　　　企业家社会资本与企业绩效

变量	资产收益率			
	(1)	(2)	(3)	(4)
ln（*p_socializing*）	0.0222 ** (0.0101)		0.0272 *** (0.0091)	0.0167 * (0.0098)
ln（*p_apportion*）	0.0455 *** (0.0093)		0.0484 *** (0.0130)	0.0441 *** (0.0118)
political connection		-0.0112 (0.0106)	-0.0001 (0.0174)	0.008 (0.0175)
Firm Controls	Y	Y	Y	Y

续表

变量	资产收益率			
	（1）	（2）	（3）	（4）
Entrepreneur Controls	N	N	N	Y
Industry/Year/Province	Y	Y	Y	Y
Constant	0.0437 （0.0564）	0.120 *** （0.0431）	0.230 （0.359）	0.235 （0.362）
Observations	6301	9657	4935	4521
R - squared	0.038	0.020	0.047	0.057

注：括号中是经过行业与年份聚类后的稳健标准差，表中 *** 代表 $p < 0.01$， ** 代表 $p < 0.05$， * 代表 $p < 0.1$。（3）~（4）列控制了地区经济、制度环境等变量。

本章在回归中均控制了企业自身的财务特征、企业家的人力资本特征以及行业、省份固定效应，最终得到的公关招待费、摊派费的回归系数仍然是显著为正的。综合前面的回归结果来看，企业家的社交活动确实可以促进企业的研发创新活动（投入与产出）、提升企业绩效，进而促进企业长期的可持续健康发展。

4.4.4　内生性问题

考虑到企业为了获得创新项目、赢得创新投资资金，企业家或许会有意地去构建自己的社会资本以获取外部资金投入，回归过程中难免会由于逆向因果、遗漏变量等问题而产生潜在的内生性问题，导致回归系数的估计值可能会有偏差，这里采用了工具变量进行了两阶段最小二乘法（2SLS）及 IV - Tobit 模型来解决这一问题。针对本章的关键解释变量企业家为了构建社会资本所进行社交活动花费的时间选取的工具变量为：被调查企业家的家庭全年生活费支出（*expenditure*）的对数；针对企业家构建社会资本的经济成本——公关招待费用、摊派费用选取的工具变量为：两项费用的年份—行业平均值（*m_socializing_sales*，*m_apportion_sales*）、中位数（*md_socializing_sales*，*md_apportion_sales*）及被调查企业主的家庭全年娱乐保健费用占全年家庭支出的比重（*entertain_fee*）。此处由于企业家的政治身份也是社会资本的一方面，且其效应被包含在企业家的社交活动中，因此此处采用了针对政治关联的分样本回归处理。表 4 - 10 ~ 表 4 - 12 为两次使用工具变量回归后的结果。

首先，由于在前文关于社交活动时间成本的回归中，采用 2002 年私营企业调查数据的子样本数据得出企业家"外出联系生意、开会、公关、招待"的各项时间中，对企业的研发创新投资起主要促进作用的是企业家在进行"招待、应酬（invitation）"上花费的时间成本。因此，在此处采用 2002 年私营企业调查数据的子样本数据来进行更精确的检验。从表 4 - 10 的 Panel A 中公关招待时间的工具变量第一阶段的相关性来看，被调查企业主家庭生活费用支出与内生变量"招待、应酬"时间的正相关性较为显著。企业主的家庭生活费用支出对于企业主的时间分配会有一定的影响，这也从一定方面展示出企业家的活动偏好，然而这一变量与企业的研发创新投入间并没有直接的关系，可见工具变量满足了相关性、外生性条件。从表 4 - 10 的 Panel B 中第二阶段的回归结果可以发现，企业家进行社交活动构建社会资本的时间成本对于企业的研发创新投资仍然符合一定的非线性倒"U"形关系，且系数较为显著。进而验证了本章的假设，即企业家构建社会资本进行的非生产性社交活动时间可在一定范围内促进企业的研发创新投资，高出一定水平后转为负效应，呈显著的非线性倒"U"形关系。

表 4 - 10　　　企业家社会资本时间成本的内生性检验（只考虑 2002 年子样本）

变量	Panel A　2SLS 第一阶段				
	招待、应酬时间				
	(1)	(2)	(3)	(4)	(5)
ln *expenditure*	0.047 (0.073)	0.041 ** (0.020)	0.051 ** (0.025)	0.055 ** (0.026)	0.048 (0.036)
Constant	8.368 *** (0.640)	2.023 *** (0.201)	1.963 *** (0.236)	1.956 *** (0.261)	1.796 *** (0.320)
R - squared	0.151	0.941	0.946	0.948	0.948
F - statistics	27.38 ***	718.85 ***	224.85 ***	269.56 ***	873.68 ***
变量	Panel B　2SLS 第二阶段				
	人均研发创新投资				
invitation	0.744 (2.390)	0.702 (1.761)	9.249 *** (2.721)	8.846 *** (2.176)	8.380 ** (4.152)

续表

变量	Panel B 2SLS 第二阶段				
	人均研发创新投资				
	（1）	（2）	（3）	（4）	（5）
invitation2		-0.0689 (0.156)	-0.820*** (0.241)	-0.782*** (0.191)	-0.739** (0.361)
Firm Controls/ Industry	N	N	Y	Y	Y
Entrepreneur Controls	N	N	N	N	Y
Province	N	N	N	Y	Y
Constant	-7.110 (19.97)	-2.121 (3.300)	-18.49*** (5.605)	-17.26*** (4.038)	-15.88** (6.964)
Observations	1245	1245	986	986	946
chi2	4.46	75.79***	1817.77***	47.78	108.22***

注：括号中是异方差稳健的标准差，表中 *** 代表 $p < 0.01$， ** 代表 $p < 0.05$。

表 4-11 和表 4-12 是针对公关招待费用、摊派费用等构建企业家社会资本的经济成本方面采用 IV-Tobit 模型得到的回归结果，本章在此处进行了企业家政治身份的分样本处理。表 4-11 中第一阶段的回归结果显示，标准化后两类费用的年份—行业平均值、中位数及被调查企业主的家庭娱乐保健费用占家庭支出的比重与内生变量间都是显著的正相关关系，满足工具变量相关性条件。

表 4-11   **IV-Tobit 模型第一阶段**

变量	公关招待费占比	摊派费占比	公关招待费占比	摊派费占比
	有政治关联		无政治关联	
	（1）	（2）	（3）	（4）
m_socializing_sales	0.360*** (0.009)		0.368*** (0.010)	

变量	公关招待费占比	摊派费占比	公关招待费占比	摊派费占比
	有政治关联		无政治关联	
	（1）	（2）	（3）	（4）
m_apportion_sales		0.478 *** (0.011)		0.428 *** (0.010)
Constant	− 0.099 (0.109)	0.0085 (0.063)	− 0.199 (0.248)	− 0.048 (0.131)
R − squared	0.382	0.436	0.506	0.598
F − statistics	29.82 ***	30.33 ***	25.92 ***	30.90 ***
md_socializing_sales	1.191 *** (0.026)		1.198 *** (0.027)	
md_apportion_sales		2.165 *** (0.044)		1.931 *** (0.042)
Constant	− 0.059 (0.105)	0.0034 (0.059)	− 0.138 (0.236)	− 0.086 (0.124)
Observations	3256	2652	1737	1438
R − squared	0.427	0.509	0.553	0.640
F − statistics	35.97 ***	40.67 ***	31.34 ***	36.86 ***
entertain_fee	0.074 *** (0.017)		0.322 *** (0.037)	
entertain_fee		0.056 *** (0.010)		0.165 *** (0.021)
Constant	0.071 (0.134)	0.078 (0.085)	− 0.217 (0.348)	− 0.199 (0.198)
Observations	2871	2347	1538	1267
R − squared	0.055	0.059	0.129	0.142
F − statistics	2.49 ***	2.15 ***	3.30 ***	3.04 ***

注：括号中是异方差稳健的标准差，表中 *** 代表 $p < 0.01$。

表 4 - 12 中第二阶段的回归结果表明，企业家在构建社会资本时的公关招待、摊派花费的经济成本确实可以显著促进企业的研发创新投资（各变量的回归系数均在 1% 水平上显著为正）。而且关于企业家政治身份分样本处理的回归结果表明，对于企业来说，企业家有没有政治身份并不会

影响企业家的社会资本对企业研发创新投入的正向促进作用。政治关联与社会资本的经济成本之间的作用是互动的，企业家的政治身份对企业研发创新投入的作用被企业家社交活动的影响所包含。

表 4 – 12　　　　　　　　　　　**IV – Tobit 模型第二阶段**

变量	研发创新投资销售收入			
	有政治关联		无政治关联	
	(1)	(2)	(3)	(4)
socializing_sales	2. 444 *** (0. 099)		1. 926 *** (0. 098)	
apportion_sales		4. 211 *** (0. 171)		2. 737 *** (0. 188)
Constant	0. 368 (0. 446)	− 0. 095 (0. 457)	− 1. 735 * (0. 916)	− 2. 372 ** (1. 020)
Observations	3256	2652	1737	1438
chi2	978. 97 ***	893. 59 ***	704. 20 ***	441. 33 ***
socializing_sales	2. 479 *** (0. 093)		1. 781 *** (0. 092)	
apportion_sales		4. 216 *** (0. 157)		2. 761 *** (0. 181)
Constant	0. 368 (0. 446)	− 0. 0947 (0. 457)	− 1. 759 * (0. 909)	− 2. 368 ** (1. 020)
Observations	3256	2652	1737	1438
chi2	1081. 45 ***	1007. 80 ***	696. 29 ***	462. 36 ***
socializing_sales	2. 526 *** (0. 784)		1. 556 *** (0. 314)	
apportion_sales		3. 333 *** (1. 043)		2. 076 *** (0. 678)
Constant	0. 582 (0. 466)	0. 132 (0. 489)	− 1. 579 * (0. 938)	− 2. 203 ** (1. 058)
Observations	2871	2347	1538	1267
chi2	334. 37 ***	263. 63 ***	287. 46 ***	194. 74 ***

　　注：括号中是异方差稳健的标准差，表中 *** 代表 $p < 0.01$，** 代表 $p < 0.05$，* 代表 $p < 0.1$。表中的四次回归均加入了企业、企业家及地区层面的所有控制变量。

　　综上所述，采用工具变量处理了潜在的内生性问题后，实证回归得到的这些结论都与前文提出的三条假设相一致，进一步证明了本章实证结果的稳健性。因此，本章发现了企业家的社会资本，经过时间成本、经济成本和政治关联等多个维度的探讨，确实可以在一定程度上促进企业的研发创新活动（投入与产出）、提升企业绩效，从而有利于私营企业的长期可持续发展，为探究中国私营企业的发展提供了一定的文献参考。

4.5　总结与评述

　　中国目前正处于经济转型期，制度环境还不够完善，对生产者的合法权益保护程度以及知识产权保护程度的缺失，使得私营企业的发展面临严峻的挑战。因此，私营企业为了保证长期持续地发展，必须要开展研发创新。而"融资难"困境使得企业家寻求各种渠道、方式拓展融资来源，例如进行慈善捐赠、获取政治身份、构建社会资本等均为常用的方式。因此本书认为，对于面临制度环境不完善、融资渠道受限的私营企业来说，为了寻求突破获得长期发展，企业家会将努力获取来的资金一部分用于企业的研发创新活动，扩大投资、提升企业的竞争力，才能在激烈的市场竞争中谋生存、求发展。

　　为了验证这样一个影响机制，本章采用了 2002～2010 年私营企业调查数据为样本，探讨企业家的社会资本对企业的研发创新活动、利润绩效的影响机制，即企业家通过社交活动、政治身份形成的"社会关系网"在企业发展与创新中起着非常重要的促进作用。通过 OLS、Tobit 模型等实证分析，并在回归中采用了行业与年份聚类标准差。同时，企业面临的外部环境也是十分重要的，作者通过将私营企业调查数据与《中国城市统计年鉴》《中国市场化指数——各地区市场化相对进程》等数据库相匹配的方式，加入了地区发展、制度环境等变量，以期得到更为纯净的机制检验结果。

　　本章的实证检验结果表明：控制了企业财务特征、企业家人力资本特征及地区发展、制度环境等变量的影响后，企业家的社会资本对企业的研发创新活动起到了显著的促进作用，同时也可以显著增加企业的利润收益。而且本章创新地加入了企业家的时间精力配置，配合企业家政治身份、企业的经费投资对社会资本进行了多维度度量，得到了更加稳健的回归结果。同时，本章采用工具变量结合 2SLS、IV－Tobit 模型处理了企业家社会资本的内生性问题，得到的实证结果也表明本章的结论是非常稳健的。

　　在已有的文献研究中，企业家的政治身份往往被作为企业发展的一个重要研究对象。政治身份作为社会资本的重要组成部分，无疑也会通过社会资本影响企业的研发创新活动，因此本章将政治身份的影响也加入实证分析中，可以发现，企业家拥有的政治身份对于研发创新活动的影响要么是不显著的，要么是显著为负的。通过本章的研究发现，单纯的企业家政治身份并不利于企业的研发创新活动，这与已有文献的结果基本一致，即有政治关联的企业往往没有动力去进行创新，可以通过其他渠道获得更多的订单和商机，保证企业的长期发展。因此我们可以认为，企业家社会资本中对企业的研发创新活动起主要促进作用的是企业家与同行、金融机构、亲友间以及政府部门间的"社会关系网"，单纯的政治身份反而不利于企业进行研发创新活动。所以可以发现企业家的政治身份，或者说企业拥有的政治关联并不是企业发展的一个长期保障机制，同样的，国家目前采取的省委书记/省长、市委书记/市长等的官员异地交流制度，也大大解决了由于政治关联导致的企业不平衡、不对称发展，为企业提供了一个更加公平公正的外部发展环境。

　　综上所述，本章的理论与实证研究对于探讨面临融资约束、制度保护匮乏的私营企业的发展战略选择有非常重要的意义，丰富了对企业领导者在企业治理方面进行战略决策的相关文献研究。为了促进国民经济的重要组成部分私营企业的发展，需要政府继续伸出"扶持之手"，加快市场化进程，不断完善法律保护、产权保护等制度环境建设，减少非正式制度的替代作用，才能从根本上"对症"解决私营企业"融资难"导致的研发投资不足的困境。目前中国的基本现实并不是需要加强政府管制下的自由市场经济，而是缺乏约束的政府行为导致了大量的扭曲和资源误配。中国经济政策改革的基本指向，需要去除政策性的扭曲和资源误配，向着更加有效、公正的市场经济迈进。

第 5 章

政策不确定下私营企业家的管理
劳动时间再分配

5.1 引　言

对目前正处于转型期的中国来说，财政分权体制决定了中央政府在政治上集权，但在经济上实行地方分权制，因此地方政府在地区经济发展中发挥着重要的作用。地方官员掌管着一个地区的产业政策制定、土地资源分配、税收信贷优惠等多个方面，这些制度性因素在很大程度上影响着我国的宏观经济增长。而私营企业是国民经济发展的重要生力军，驱动着我国整体经济的快速增长，政府部门的决策对于微观层面的企业发展来说也是至关重要的。诺思曾指出，一个地区的制度环境对企业发展有着非常重要的作用，尤其是一个地区的政治环境（徐业坤等，2013），而由官员更替带来的"风吹草动"使企业赖以生存发展的外部环境受到较大影响，从而进一步影响了私营企业的各项投资决策。国内外很多学者都从不同的角度探讨了宏观层面的制度环境对微观层面企业发展的影响，如产权保护、金融发展、腐败程度及环境规制等对企业投资、创新、绩效等方面的影响。

在我国，国有企业占据着重要的地位，有国有银行强大的资金支持，大部分的金融资源都主要流向了国有企业。而私营企业的发展很大程度上受到资金限制，资金短缺甚至资金链断裂危机等融资方面的问题较为严重。企业家为了获得更多的资源，会通过利用与其他部门、企业、银行、亲朋好友或政府部门间建立的社会资本寻求帮助，拓展融资渠道、开拓产品市场、增加企业订单、赢得研发创新项目等（Wang and You，

2012；Schott and Jensen，2016）。而根据已有的研究可以发现，企业家
的政治身份、社交活动，以及进行慈善捐赠等确实能够为企业带来更多
的外部资金资源，可以进一步用于企业的再投资和研发创新项目，也可
以为企业带来更多的政策优惠、税收减免，以及确保企业发展的良好外
部空间等。对于企业家来说，他既是企业的拥有者、管理者，也是企业
的劳动者，在企业的生产、发展过程中投入管理劳动[①]，进而获取再生产
管理劳动力的价值及其剩余价值（李刚，2002）。企业家的时间配置和企
业的经费都是有限宝贵的资源，需要合理权衡各项机会成本进行投资，它
们都会由于官员更替带来的政策不确定性发生转变，进而影响着企业的决
策发展。

在第 4 章中提到，采用 2012 年的私营企业调查数据可以大致了解到
企业家的日常时间配置情况，平均来看，企业家每天会花费 30.46% 的时
间（约 7.31 小时）用于企业的"日常经营管理"，14.79% 的时间（约
3.55 小时）用于"外出联系生意、开会及公关、招待"，花费 6.92% 的时
间（约 1.66 小时）用来"学习"，8.38%（约 2.01 小时）的时间用来
"陪伴家人"，大约 32.21% 的时间（7.73 小时）用来"休息"，剩余约
7.25% 的时间（1.74 小时）为"其他活动"。可见，除去必要的休息时间
及企业运营管理所需的时间配置，企业家还是比较重视建立社会资本的时
间安排，通过这样的非生产性社交活动时间构建的企业家社会资本也是决
定企业创新及发展的关键之一，有利于企业获取来自再生产管理劳动力价
值之外的剩余价值。因此，本章也主要探究了在发生官员更替时带来的政
策不确定性，是如何影响关乎企业发展的企业家社交活动时间以及日常经
营管理的时间配置。

地方官员更替带来的政治环境的变化，对企业产生了强大的外生冲
击，是影响企业创新投资、企业家时间配置等战略决策的关键。一般来
说，政治变动对企业行为的影响可以分为宏观的政策不确定性和微观的社
会资本重组。当发生官员更替时，企业面临的政策不确定性增加，企业此
时会选择谨慎、减少或者延迟投资（徐业坤等，2013；曹春方，2013；贾
倩等，2013；李凤羽和杨墨竹，2015；饶品贵等，2017），直至不确定性
得以消除。而且，这样的更替也使得企业家原有的社会资本被切断，社会
资本对于企业的发展来说也是一项宝贵的资源，可在很大程度上作为非正

---

① 马克思讲管理劳动是一种脑力劳动，可以分为必要管理劳动时间和剩余劳动时间，前者
用于再生产管理劳动力的价值，后者则创造出管理劳动的剩余价值。

式制度替代性策略来弥补我国正式制度的缺失，进而可以解决企业发展过程中常常面临的信息不对称、"融资难"困境、知识产权保护匮乏等问题。习近平总书记在党的十九大报告中指出，中国要"蹄疾步稳推进全面深化改革，坚决破除各方面体制机制弊端"。因此从长期来看，这样的切断给私营企业营造了一个更加公平公正的外部发展空间，可以有效避免不合理的社会资本，对于私营企业乃至整个国民经济的发展来说都是更加有利的。然而，张军和高远（2007）也表明，官员的任期限制和异地交流制度可以推进地区经济增长。而也有一些学者的研究发现，省级官员的更替却不利于当地的经济增长（王贤彬等，2009；杨海生等，2014），但由于这一影响只是短期经济波动，并非长期的总体经济增长。

综上所述，本章的研究贡献在于探讨了官员更替对企业家时间配置的影响，私营企业数据是能够提供管理者时间配置的重要数据库。本章从不同角度出发度量了由地方官员更替带来的政策不确定性，既研究了官员任期带来的影响，也探究了新任官员来源不同带来的官员异地交流制度的影响。企业家的时间配置更能够体现出企业家在企业治理方面的个人偏好，从而反映出其投资决策的异质性。更重要的是，本章不仅探讨了政策不确定性对于企业家时间配置的影响，还加入了企业家在构建社会资本经济成本上的投资变化。本章从时间配置和经费决策两个维度来探究企业家是如何应对政策不确定的发生，采用 2002～2010 年私营企业调查数据、市委书记更替数据、城市统计年鉴、市场化指数等多个数据库相匹配来进行这一影响过程的机制检验，目前并没有国内外学者展开这一相关研究，这也是本章研究的重要创新之处。

本章剩余部分安排如下：第二部分为理论分析与研究假设；第三部分为数据来源和模型设定；第四部分为实证分析部分，验证前文提出的假设；第五部分是本章的结论。

5.2　理论分析与研究假设

5.2.1　政策不确定性

自 1973 年诺思提出制度对经济发展的开创性贡献以来（North and

Thomas，1973），越来越多的学者开始关注制度尤其是政治制度对经济发展的重要性，强调了各级政府对微观企业发展的能动作用。一个地区乃至一个国家的政治制度稳定性，对于经济发展的外部环境起着决定性作用。关于政策不确定性的度量有多种，有的采用了战争、革命、起义、国家分裂等政治格局的动荡代表政策不确定性（Alesina and Perotti，1996；Julio and Yook，2012）；有的是采用了较为微观层面的、有着政策决定权的省级/市级政府官员的更替（张军和高远，2007；徐业坤等，2013；曹春方，2013；杨海生等，2014）；还有"中国经济政策不确定性指数"（Baker et al.，2013）（李凤羽和杨墨竹，2015；饶品贵等，2017）。可以发现，第一种的度量更加偏向于政策不确定性的政治学含义，而后两种则较为注重政策不确定性的经济学含义。单纯采用这样的国家层面指标影响很难区分，而且"中国经济政策不确定性指数"是由斯坦福大学和芝加哥大学的学者依据中国香港《南华早报》公布的每月有关中国经济政策不确定性的文章数量占当月刊发文章总量来度量的，是一个较宏观的指标。因此，探究政策不确定性对微观企业发展的影响，作者更倾向于采用微观层面的政府官员更替度量政策不确定性，更加符合本书的现实意义。

　　本章主要度量了政策不确定性对于微观企业层面发展的影响，我国实行分权制改革后，地区级官员被赋予了更多的经济权利（姚洋和张牧扬，2013），不同的地区间政策不确定性的情况差异较大。更重要的是，处于转型期的中国，"党管干部"的一元领导体制决定了市委书记的"一把手"地位（周黎安，2007），市委书记在人事工作和社会经济发展方面拥有着重要决策权（姚洋和张牧扬，2013；徐业坤等，2017）。图 5 - 1 是笔者针对我国各地级市市委书记和市长 2001～2012 年变更比率做的对比，可以发现，二者呈现出较为一致的变动趋势。而且，本章采用的私营企业数据样本量有限，所以此处采用了地级市层面的官员更替情况来度量私营企业在发展过程中经历的政策不确定性。本章选取了当地市委书记是否发生了更替、是否为任职期满后的正常更替以及新任官员的来源等三个方面来度量政策不确定性，进而研究对于私营企业家管理劳动时间配置、经费决策的影响情况，将更加符合本章的研究意义。

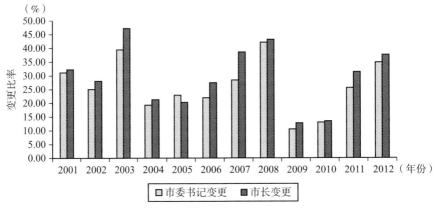

图 5 - 1　地方官员变更比率

资料来源：图中数据为笔者根据人民网、新华网中市长、市委书记信息整理的 2001～2012 年市长、市委书记的变更比率。

　　从宏观角度来说，政治变动对经济增长会产生一定的影响，官员的任期限制和异地交流制度可以推进地区经济增长（张军和高远，2007），呈现倒"U"形变动（王贤彬和徐现祥，2008），不同程度的晋升激励也对经济增长产生了差异化影响（徐现祥和王贤彬，2010），因官员的年龄与任期而异。周黎安（2007）关于官员"晋升锦标赛"的研究也表明，官员会在其任职期间努力推进所在地区的经济增长，通过成为优胜者获得晋升的机会。然而，长期以来的锦标赛式的竞争则带来了一定程度上经济的扭曲性增长，为中国政府职能、经济增长方式的转型增加了更大的压力。我国高速的经济增长中包含大量的重复建设和过度投资，如"轻纺热""开发区热""机场建设大战"等（周黎安，2004），甚至带来了地方国企的过度投资（程仲鸣等，2008；唐雪松等，2010；曹春方等，2014）。同时，地方官员的更替会带来地区间的资金流动，存在"钱随官走"现象，这一效应因官员的年龄、任期及来源不同存在着明显的"官员异质性"（钱先航和曹廷求，2017）。另外，政府周期性换届与官员变动也有可能不利于当地的经济增长，甚至影响经济周期（Imai，1994），但一般只是带来短期内的经济波动（王贤彬等，2009；Julio and Yook，2012；杨海生等，2014），并不会影响长期的总体经济增长。此外，书记或市长的更替还会显著降低城投债的发行概率，减少发行规模，同时提升了发债风险和发展成本（罗党论和佘国满，2015）。

5.2.2　地方官员更替与企业发展

目前关于企业发展的研究，主要集中在对国有企业、上市公司等的影响，也有少部分学者对中小企业上市公司、私营企业等进行了一定的研究，探讨不同因素对企业绩效、投资、创新、并购等各方面的影响。目前关于政策不确定性与微观企业的研究主要集中在企业投资行为方面（徐业坤等，2013；曹春方，2013；贾倩等，2013；刘胜等，2016），当发生官员更替时，企业面临的政策不确定性增加，企业此时会选择谨慎、减少或者延迟投资，直至不确定性得以消除。同时，研究发现政策不确定性会显著降低企业的研发创新活动（陈德球等，2016），市委书记的政治晋升还会加剧地方国有企业和民营企业的并购交易活动（徐业坤等，2017），范子英和田彬彬（2016）则从企业逃税的角度，研究了国税局长的异地交流制度对于抑制政企合谋的重要性。在国民经济的发展中，私营企业占据着非常重要的地位，是国民经济发展的重要生力军。深圳证券交易所 2008 年的统计资料显示，私营企业从 1978 年的零基础发展到 3800 万家，雇用了约 1.6 亿人，私营经济占全国 GDP 的比重已达 65%，成为吸纳社会剩余劳动力就业的主要渠道之一（梁建等，2010），因此本章基于官员更替的政策不确定性视角继续研究我国私营企业的发展有着非常重要的意义。

私营企业家作为企业的法人代表，拥有着企业的管理权、决策权等，企业家的管理劳动时间和企业的各项经费都是有限、宝贵的资源，如何权衡其中的机会成本、合理利用稀缺资源、规划好自己的时间安排和经费投资决策以确保企业的健康发展，是影响企业生存、创新发展的重要决策。企业家的管理劳动时间配置和经费投资策略会受到多种因素的影响，目前国内外的学者关于企业家时间配置的研究较少，一般来说，企业领导者为了维持企业的正常运营，花费在日常经营管理上的时间是非常必要的，然而对外的社交活动时间安排却有着较大的灵活性，往往会依据企业发展阶段、社会形势等进行不断地调整（Seshadri and Shapira，2001；Verheul et al.，2009）。董等（Dong et al.，2016）的研究发现营商制度环境对企业家时间配置的影响，好的制度环境有利于降低企业家的非生产性社交活动时间，可以将更多的时间精力用于企业的日常经营管理。何轩等（2016）通过各地区当年立案侦查的贪污受贿、挪用公款、巨额财产不明等职务犯罪情况构造了地区腐败程度，发现腐败导致了企业家扭曲性时间配置——非生产性社交活动时间显著增加。可见，好的制度环境对企业发展来说是非常重要的。

就作者有限的文献阅读发现，目前并未有学者基于官员更替带来的政策不确定性这一视角研究其对企业家管理劳动时间配置的影响，因此本章对政策不确定性与私营企业家行为模式方面的研究提供了重要的文献参考。而且，本章从不同角度出发度量了由地方官员更替带来的政策不确定性，既研究了官员任期带来的影响，也探究了新任官员来源不同带来的官员异地交流制度的影响。企业家的管理劳动时间配置更能够体现出企业家在企业治理方面的个人偏好，从而反映出其投资决策的异质性。更重要的是，本章不仅探讨了政策不确定性对于企业家管理劳动时间配置的影响，还进一步研究了企业家如何在社会资本构建的经济成本上的投资变化。

在目前我国财政分权体制下，地方政府有着较大的决策权，市委书记作为地区"一把手"，掌管着地方政府的主要权力，包括产业政策制定、土地资源分配、税收信贷优惠、创新投资项目等多个方面。因此，市委书记的更替可能会导致企业面临的外部政策环境发生变化，微观企业行为会相应受到影响。而私营企业家作为企业的投资决策者，企业家的各项时间配置及经费分配，都会由于官员更替带来的政策不确定性发生转变。短期来看，官员更替带来的政策不确定性会干扰企业的投资发展，但是长期来看，官员的任期限制和异地交流制度形成了一定程度上的监管，可以为企业发展营造一个更加健康公平的环境，使社会资源能够得以更加有效的优化配置，对于我国的正式制度缺失也起到了良好的弥补与完善作用。另外，这样的"风吹草动"带来的政策不确定性，冲击了原有的"官员依赖"政治关联，对于这部分遭受冲击的企业来说，重建与政府相关的社会资本需要花费更多的成本，所以这也有利于避免企业家的寻租心理，当面对较高的社会资本重建成本时，企业家会权衡利弊相应减少寻租活动，这对于整个社会的制度环境改善都起到了重要的促进作用。而且，企业家整体寻租活动的减少，也意味着官员更替带来的政策不确定性并不会对企业发展产生太大的冲击，在一定程度上降低了政策不确定性带来的风险。

基于以上分析，本章提出以下假设：

假设1：由官员更替引起的政策不确定性会显著影响企业家"外出联系生意、开会、公关、招待"构建社会资本的时间，但并不会显著影响企业家"日常经营管理"时间。

假设2：官员是否任职期满更替及新任官员来源等政策不确定性不同的度量方式，对企业家管理劳动时间配置的影响机制也不同。

假设 3：由官员更替引起的政策不确定性部分切断了企业家原有的社会资本，企业家需要增加公关招待费、摊派费比重来维持或重建一定的社会资本。

5.3　数据来源、模型与变量设定

5.3.1　数据来源

本章实证部分仍然采用了由中共中央统战部、中华全国工商业联合会、国家工商行政管理总局和中国私营经济研究会组成的私营企业课题组主持的全国私营企业抽样调查数据，截取了 2002～2010 年的企业样本。该调查数据既包括了企业的经营状况，也调查了企业家的个人及家庭情况。主要包含了企业类型、资本构成、发展历史、经济效益和融资情况等企业信息，及企业家的年龄、性别、学历、前身工作经历及社会活动、家庭情况等信息。

同时，笔者搜集了 2000～2012 年各地级市市委书记的主要信息，主要来自于人民网、新华网等官方网站公布的官员信息，并通过城市统计年鉴、谷歌搜索等方式查漏补缺，搜集的指标主要涵盖了市委书记的姓名、性别、年龄、任期、工作经历等相关内容。通过搜集各地级市在不同年份是否存在官员更替、是否为期满正常换届及新任官员来源等方面作为衡量政策不确定性的主要指标。在此基础上，依据两份数据的城市与年份进行匹配，以此来衡量每个企业所面临的政策不确定性情况是如何影响其决策与发展的。此外，为了控制企业所在地区本身造成的企业外部发展环境的差异，这里进一步匹配了樊纲等（2011）公布的《中国市场化指数——各地区市场化相对进程》，加入了金融市场化程度、政府与市场关系等指数作为地区外部环境控制变量。同时，作者还匹配了《中国城市统计年鉴》，采用了各地区的人均 GDP 水平和金融发展两个指标，作为控制地区宏观经济发展水平的变量。

通过以上四个数据库的充分匹配之后，本章得到了回归所需要的各类变量，并进行了如下的数据处理：首先，剔除了变量、信息缺失不完整的企业；其次，剔除了金融类企业及已经上市的企业；最后，剔除了登记的企业家年龄不满 18 岁的企业。

5.3.2　变量说明

具体的变量说明与计算方式见表5-1。本章主要考察由于官员更替产生的政策不确定性对企业家管理劳动时间分配的影响，因此被解释变量为企业家的管理劳动时间分配，由于私营企业调查问卷中主要调查了企业家用于"日常经营管理（management）""外出联系生意、开会及公关、招待（networking）""学习（study）""陪伴家人（companionship）"和"休息（relax）"五项，此处主要采取前两个与企业发展直接相关的变量，不再探究其他的时间配置影响。主要考察由"风吹草动"带来的政策不确定性对企业家在企业治理方面的决策影响，即对企业家用于"经营管理（management）"和"社交活动（networking）"两项的管理劳动时间分配影响。企业家的已有社会资本由于官员更替可能导致原有一部分"社会关系网"被切断，因此这里作者猜测在发生官员更替时，企业家的"社交活动"时间会减少。

本章的主要解释变量为政策不确定性（policy uncertainty，pu），采用三个指标来分别衡量：首先，简单采用0-1变量看企业所在地当年是否发生了市委书记更替（pu_change），其中若市委书记为当年1~6月份离任，则记为1，若为7~12月份离任，则记为0；其次，考察了官员是否为期满正常更替，即官员更替类型（pu_type），我国市委书记一届的任期约为3年①，即若市委书记任期满3年后离任，则认定为1——正常更替，少于3年的认定为2——非正常更替；最后，考察了新上任官员的来源（pu_source），若新任书记为本市市长、副书记晋升而来则记为1——本地升迁，若为本市外的职位调任则记为2——外地调任。

此外，为了检验企业家的已有政治身份（political）在这一影响机制中的作用，本章也将该变量加入到回归分析中，用于考察有人大代表或政协委员身份、政府部门任职背景的企业家是否受官员更替的影响表现更敏感。因为有政治身份的企业家可能比没有政治身份的企业家有更多的机会可以与政府部门接触，而发生官员更替后，有政治身份的企业家并不会立即与新上任书记构建"社会关系网"，需要充分适应这一政治权利转移的过渡期。而没有政治身份的企业家可能由于缺乏与政府部门接触的机会，

---

① 根据《党政领导干部职务任期暂行规定》第九条规定，党政领导干部任职3年以上的，计算为一个任期。

社交活动时间可能没有那么显著的变动。

为了验证回归结果的稳健性，本章仍采用了逐步加入控制变量的方式。首先控制了企业层面的相关变量，主要有企业规模（*size*）、资产收益率（*return on assets*，*roa*）、企业年龄（*age*）和企业类型（*type*）。关于企业家个人特质的控制变量，本章主要选取了企业家的年龄（*age_er*）、性别（*gender*）、受教育程度（*education*）和个人收入（*income*）等人力资本相关的变量。地区层面的控制变量主要有金融市场化程度（*financial marketization degree*，*fmd*）、政府与市场关系程度（*relation between the government and market*，*relation*）、人均 GDP（*GDP per capita*，*pGDP*）和金融发展指数（*financial development*，*fd*）。同时，这里还控制了企业所处行业（*industry*）、被调查年份（*year*）、所处省份（*province*）等固定效应。

表 5 - 1　　　　　　　　　　　　变量说明

变量名称	变量表示	变量定义
政策不确定性	*pu_change*	企业所在地当年是否发生市委书记更替，0 = 否，1 = 是
	pu_type	更替类型，0 = 未更替，1 = 正常更替，2 = 非正常更替
	pu_source	官员来源，0 = 未更替，1 = 本地升迁，2 = 外地调任
社交活动时间	*networking*	企业家外出联系生意、开会、公关、招待的时间
经营管理时间	*management*	企业家用于企业日常经营管理的时间
公关招待费用	*socializing*	公关招待额/销售收入
摊派费用	*apportion*	摊派额/销售收入
政治身份	*political*	是否为人大代表、政协委员或曾在政府部门任职
企业规模	*size*	ln（企业雇用员工数 + 1）
资产收益率	*roa*	税后净利润/总资产
企业年龄	*age*	调查年份 - 创办年份
企业类型	*type*	独资、合伙、有限责任公司和股份有限公司
企业家年龄	*age_er*	调查年份 - 出生年份
企业家性别	*gender*	1 = 男性，0 = 女性
企业家学历	*education*	1 = 小学及以下，2 = 初中，3 = 高中，4 = 大学，5 = 研究生
企业家收入	*income*	ln（企业家的个人年收入 + 1）
金融市场化程度	*fmd*	各地区金融市场化程度指数
政府与市场关系	*relation*	各地区政府与市场关系程度指数

变量名称	变量表示	变量定义
人均 GDP	*pGDP*	ln（人均 GDP）（全市）
金融发展指数	*fd*	银行贷款/GDP（全市）
企业行业	*industry*	行业虚拟变量
调查年份	*year*	年份虚拟变量
省份	*province*	省份虚拟变量

注：表中社交活动时间、经营管理时间的单位均为小时，公关招待额、摊派额、销售收入、税后净利润、企业家个人年收入、GDP 等变量的单位均为万元。

5.3.3 模型设计

为了验证本章提出的 3 个假设，本章采用了如下两种不同的模型进行了实证分析：

$$time = \beta_0 + \beta_1 pu + \beta_2 political + \beta_3 X_{Controls} + \sum industry$$
$$+ \sum year + \sum province + \varepsilon \qquad (5-1)$$

$$cost = \beta_0 + \beta_1 pu + \beta_2 political + \beta_3 X_{Controls} + \sum industry$$
$$+ \sum year + \sum province + \varepsilon \qquad (5-2)$$

其中，*time* 代表企业家花费在"日常经营管理"（*management*）和"外出联系生意、开会及公关、招待"（*networking*）等与企业发展直接相关的两项管理劳动时间配置；*pu* 代表衡量政策不确定性的三个指标：即市委书记是否更替（*pu_change*）、是否任期满后正常更替（*pu_type*）及新任官员来源（*pu_source*）等；*political* 代表企业家的政治身份，为 0 - 1 变量；$X_{Controls}$ 代表各类控制变量：企业层面控制变量有企业规模（*size*）、资产收益率（*roa*）、企业年龄（*age*）和企业类型（*type*），企业家个人特征变量有企业家的年龄（*age_er*）、性别（*gender*）、受教育程度（*education*）和个人收入（*income*）等人力资本相关的变量，地区经济发展与制度环境变量主要有金融市场化程度（*fmd*）、政府与市场关系程度（*relation*）、人均 GDP（*pGDP*）和金融发展指数（*fd*）。*industry*、*year*、*province* 代表企业所在行业、被调查年份和所处省份的固定效应；β_0 为常数项，ε 为扰动项。*cost* 代表企业家构建社会资本时花费的公关招待费（*socializing*）和摊派费（apportion）等经济成本。

5.4　变量描述性统计与机制检验

5.4.1　变量描述性统计

表 5 - 2 为本章主要变量的 Pearson 相关系数矩阵及描述性统计结果。考虑到数据的异常值，此处将所有变量进行了 1% 水平的 Winsorize 处理。从相关系数的结果可以看出，各主要变量间的相关系数量级均较小，表明并不存在多重共线性问题。关键变量政策不确定性的三个指标与企业家的社交活动间均是显著相关的，而与企业家的经营管理时间的相关系数并不怎么显著。而从企业花费的公关招待费和摊派费占销售收入的比重来看，政策不确定性的三个指标与社交活动的经济成本间的相关系数并不显著。从表中的主要被解释变量社交活动时间来看，大部分的解释变量与其都是显著的相关关系，且量级小于 0.5，但由于此处政策不确定性的相关系数符号与本章已经提出的假设并不一致，因此各主要变量间的具体关系需要后续的实证回归进行进一步的验证。

从变量的描述性统计结果来看，政策不确定性第一个指标的平均值表明样本中的企业有 22.7% 经历了市委书记的更替；社交活动时间的平均值约为 3.6 小时，经营管理的时间平均约为 7.4 小时，从标准差来看，企业家的社交活动时间、经营管理时间差异较明显。在此作者进一步做了差异性检验，t - test 的结果表明有政治身份、无政治身份两组的企业家社交活动的时间有显著性差异（ - 5.0443***），而两组企业家的经营管理时间的差异并不显著（0.3128）①。进行社交活动需要花费的公关招待费和摊派费占销售收入的比重平均值分别为 6.2% 和 3.2%，前者的比重略高于后者，表明企业家会更倾向于主动去构建社会资本。此外，63.7% 的企业家拥有人大代表、政协委员或曾在政府任职等政治背景，88.1% 的企业家为男性。企业的平均雇用规模大约为 150 人，且不同企业间的规模差异较大。此处由于表格篇幅限制，并未报告所有变量的结果。

---

① 这与前文的预期比较一致，即作者认为企业家的"日常经营管理"时间为一个企业发展的必要时间投资，而构建社会资本的社交活动时间则更具有个人异质性。

表 5-2　变量描述性统计与 Pearson 相关系数矩阵（样本量为 6761）

变量	change	type	source	networking	management	socializing	apportion	political	roa	size	income	gender
networking	0.036***	0.028***	0.032***									
management	0.016*	0.002	0.001	-0.215***								
socializing	-0.013	-0.011	-0.011	0.053***	-0.031***							
apportion	-0.003	-0.003	-0.008	0.046***	-0.011	0.182***						
political	-0.019***	-0.017***	-0.018***	0.040***	-0.002	0.038***	0.019*					
roa	-0.014	-0.017	-0.023***	-0.008	-0.007	0.050***	0.059***	0.002				
size	-0.013	-0.005	-0.009	0.057***	-0.014*	0.236***	0.135***	0.072***	0.056***			
income	-0.037***	-0.042***	-0.042***	0.078***	-0.034***	0.112***	0.096***	0.058***	0.135***	0.207***		
gender	-0.010	-0.010	-0.009	0.073***	0.001	0.036***	0.031***	0.038***	-0.019***	0.073***	0.038***	—
均值	0.227	0.296	0.340	3.626	7.428	0.062	0.032	0.637	0.279	149.675	15.535	0.881
最小值	0	0	0	0	0	0	0	0	-0.333	0	0	0
最大值	1	2	2	10	14	1.620	0.867	1	4	12000	30000	1
标准差	0.419	0.588	0.672	2.010	2.549	0.203	0.109	0.481	0.585	433.296	365.760	0.324

注：表中 *** 代表 p<0.01，** 代表 p<0.05，* 代表 p<0.1。表中变量 change、type、source 分别为政策不确定性的三个度量指标；networking 为社交活动时间，management 为经营管理时间，单位均为小时；socializing 为公关招待额占销售额的比重，apportion 代表摊派额占销售收入的比重；political 为企业家的政治背景，roa、size、income、gender 分别代表企业的资产收益率、企业规模（雇用员工数）、企业家个人收入和性别。表中并未包含地区层面的制度环境与经济发展控制变量。

5.4.2　机制检验

为了验证前文提出的假设，本章首先采用了被调查企业当期面临的市委书记更替带来的政策不确定性对企业家社交活动时间的影响，回归模型为稳健标准差的 OLS 回归。此处仍是通过逐步加入各级控制变量的方式以验证回归结果的稳健性，且针对企业家的政治身份进行了分样本处理。表 5 - 3 报告了初步的回归结果，从第（1）~（3）列的回归结果来看，逐步控制企业层面、企业家层面、地区层面等控制变量后，市委书记更替（*pu_change_t*）对企业家社交活动时间（*networking*）的影响均是显著为负的，表明在一个地区在发生官员更替时，当地的企业面临着很大的政策不确定性，且企业家原有的"社会关系网"会受到影响，企业家"外出联系生意、开会、公关招待"外的社交活动时间会明显减少。这一结论与已有文献的研究相一致，在发生官员更替时，由于政策不确定性增加，企业家一般会选择谨慎投资或延迟投资，且企业家原有的"社会关系网"被部分切断，企业家"外出联系生意、开会、公关招待"的社交活动时间虽不与企业生产直接相关，但也是企业家构建的外部社会资本，对于企业的发展与创新有着不可忽视的重要意义。

表 5 - 3　　　　　　官员更替与企业家社交活动时间（当期）

变量	社交活动时间				
	（1）	（2）	（3）	（4）有政治身份	（5）无政治身份
pu_change_t	- 0. 128 ** (0. 0550)	- 0. 117 ** (0. 0590)	- 0. 132 * (0. 0722)	- 0. 206 ** (0. 0953)	- 0. 0298 (0. 115)
political		0. 0710 (0. 0490)	- 0. 0030 (0. 0552)		
size	0. 163 *** (0. 0168)	0. 136 *** (0. 0191)	0. 148 *** (0. 0226)	0. 145 *** (0. 0266)	0. 141 *** (0. 0425)
roa	0. 0060 (0. 0371)	- 0. 0214 (0. 0395)	- 0. 0201 (0. 0413)	0. 0220 (0. 0520)	- 0. 0760 (0. 0651)
age	0. 0097 (0. 0173)	0. 0156 (0. 0185)	0. 0197 (0. 0209)	0. 0069 (0. 0272)	0. 0373 (0. 0330)

续表

变量	社交活动时间				
	（1）	（2）	（3）	（4） 有政治身份	（5） 无政治身份
age^2	− 0. 0005 （0. 0009）	− 0. 0006 （0. 0009）	− 0. 0009 （0. 0010）	− 0. 0003 （0. 0013）	− 0. 0017 （0. 0016）
age_er		− 0. 0208 *** （0. 0029）	− 0. 0172 *** （0. 0033）	− 0. 0163 *** （0. 0042）	− 0. 0204 *** （0. 0056）
ln （income）		0. 179 *** （0. 0303）	0. 185 *** （0. 0353）	0. 187 *** （0. 0431）	0. 154 ** （0. 0616）
middle school		− 0. 235 （0. 152）	− 0. 236 （0. 174）	− 0. 481 ** （0. 216）	0. 209 （0. 286）
high school		− 0. 303 ** （0. 144）	− 0. 303 * （0. 165）	− 0. 407 ** （0. 206）	− 0. 0874 （0. 269）
undergraduate		− 0. 330 ** （0. 142）	− 0. 313 * （0. 162）	− 0. 508 ** （0. 199）	0. 0283 （0. 266）
graduate		− 0. 487 *** （0. 186）	− 0. 437 ** （0. 211）	− 0. 552 ** （0. 263）	− 0. 244 （0. 344）
gender		0. 254 *** （0. 0677）	0. 214 *** （0. 0742）	0. 203 ** （0. 0962）	0. 230 ** （0. 117）
ln （pGDP）			− 0. 0714 （0. 0587）	− 0. 131 * （0. 0729）	0. 0043 （0. 102）
financial development			0. 979 （6. 547）	4. 944 （7. 835）	− 0. 0442 （11. 97）
financial marketization degree			− 0. 104 ** （0. 0430）	− 0. 0682 （0. 0531）	− 0. 165 ** （0. 0736）
relation			− 0. 0289 （0. 109）	− 0. 0755 （0. 139）	0. 0480 （0. 181）
Fixed Effects	Y	Y	Y	Y	Y
Constant	4. 553 *** （0. 182）	5. 170 *** （0. 271）	6. 562 *** （0. 809）	7. 498 *** （1. 030）	5. 202 *** （1. 340）
Observations	7651	6761	5254	3308	1946
R − squared	0. 128	0. 139	0. 106	0. 112	0. 127

注：括号中是稳健的标准差，*** 代表 $p < 0.01$，** 代表 $p < 0.05$，* 代表 $p < 0.1$。

　　而企业家拥有的政治背景/身份（*political*）系数并不显著，从表 5 - 3 的回归结果来看，第（4）列企业家有政治背景的回归系数相比第（5）列无政治背景的系数来说是显著为负的，这一结果表明若企业家有政治背景，他们进行的"外出联系生意、开会、公关招待"等社交活动会更大程度上受到由于官员更替带来的政策不确定性的影响，减少的更明显，而没有政治背景的企业家的社交活动时间并不会显著受到市委书记更替的影响。这与作者的预期一致，首先没有政治背景的企业家原有的社交活动就比较少，而且在发生市委书记更替当年，新任官员上任期间会组织参与各项会议，包括下级官员的变动与任命，政局不够稳定，有政治背景的企业家更有可能会提前或更多了解这样的"风吹草动"，及时做出正确的时间与经费投资再分配，而且本身有政治身份的企业家会更多受到官员更替带来的冲击，所以有政治背景的企业家在发生官员更替时其时间配置会变得更加敏感，即社交活动时间下降更多。

　　从其他控制变量的结果来看，企业层面和地区层面的控制变量对于企业家的社交活动时间配置并不明显，企业规模（*size*）的系数是显著为正的，表明企业规模越大，企业家"外出联系生意、开会、公关招待"等社交活动相对较为频繁。而显著为负的金融市场化程度（*financial marketization degree*）的系数表明，当地区的金融市场化程度越高时，企业家的社交活动时间会显著减少，从而直接印证了企业发展外部环境的重要性，也是本章的预期结论所在，即应加快地方制度环境完善、市场化进程等，为企业的发展提供一个更公平、公正的发展环境。相对来说，企业家的个人特征影响较为显著，那些相对越年轻、年薪越高、学历程度越低的男性企业家，可能会更多地参与到"外出联系生意、开会、公关招待"等社交活动中，用于构建在一定程度上有助于企业发展的企业家社会资本。

　　为了进一步考察由于市委书记变更带来的政策不确定性对企业家社交活动时间配置的影响，这里采用了新任市委书记的更替类型、新任官员来源两个变量，即市委书记是否为期满正常更替、是本地升迁还是外地调任，主要的回归结果在表 5 - 4 中。从表 5 - 4 *Panel A* 中市委书记更替类型的回归结果来看，第一行分类变量"1. *pu_type_t*"代表市委书记任期满 3 年后正常卸任，第二行分类变量"2. *pu_type_t*"代表市委书记任期不满 3 年的非正常离任，可见市委书记期满正常离任对于企业家构建社会资本的时间影响是显著为负的，而市委书记的突然离任对企业家社交活动时间的影响是不太显著的。由于市委书记任期为第 3 年及以上时，会有更大的可能性离任，因此对于企业家来说是可预见的预期，有更大可能会面临政策不确定性，因此，谨慎投资的企业家也往往会减少其与目前"社会关系网"的人情往来。更进一步的，对于有政治身份的企业家来说，可能会先于没有政治身份的企业家了解到内部政局的变动情况，且市委书记的换届对他们的社会资本影响更大，所以在分样本检验时，有政治背景的企业家的社交活动时间显著减少。而第二行的回归系数基本都不显著，表明对于任期未满 3 年的市委书记的突然离任，基本对于所有企业来说都是无法预期的，因此企业家的社交活动行为并不会受到显著冲击。

从表 5 – 4 Panel B 中官员来源与企业家社交活动的回归结果来看，在基准组为"没有官员更替"的情况下，"1. pu_source_t"代表新任市委书记为本地升迁这一行的系数是显著为负的，针对政治背景的分样本结果显示有政治身份的一列系数显著为负，这表明由本地升任为市委书记的官员更替带来的政局变动对企业家构建社会资本的影响是显著的负效应，且有政治背景的企业家会受到更大的影响。而第二行"2. pu_source_t"代表新任市委书记为外地调任，这一变动对于企业家的社交活动时间的影响并不显著。Panel B 的结果表明，当考察新任市委书记的来源时，本地升迁的市委书记更替带来的影响是显著的，由于市委书记的更替是由上级决定，而且有些官员变动也有可能是任期未满的突然更替，对于企业家来说这些都是无法预期的。在此作者认为，由于本地升迁的市委书记上一工作经历为"市长、代市长或者副书记"，升任市委书记后，并没有更换工作地点城市，而且权力比以前更大了。那么这一更替对企业家已有的"社会关系网"来说并没有较大改变，也不存在显著的政策不确定性，已经积累的社会资本使其完全没必要再花费大量的社交活动时间，因此相对来说本地升迁的市委书记带来的官员更替使得他们的社交活动时间显著减少，而且对于有政治关联的企业家来说，会更显著地减少其构建社会资本而进行的社交活动。然而，对于外地调任的市委书记的更替，存在着较大的政策不确定性，且企业家并不能提前预期，无法在当期及时作出应对，因此这样的官员更替对于企业家社交活动时间的影响是不显著的。

表 5 - 4　　　　官员任期、官员来源与企业家社交活动时间（当期）

变量	Panel A　社交活动时间				
	（1）	（2）	（3）	（4） political = 1	（5） political = 0
1. pu_type_t	− 0. 120 * （0. 0630）	− 0. 126 * （0. 0677）	− 0. 142 * （0. 0855）	− 0. 229 ** （0. 113）	− 0. 0541 （0. 137）
2. pu_type_t	− 0. 152 * （0. 0900）	− 0. 100 （0. 0956）	− 0. 114 （0. 110）	− 0. 169 （0. 149）	0. 0119 （0. 171）
political		0. 0712 （0. 0490）	− 0. 0029 （0. 0552）		
Constant	4. 546 *** （0. 182）	5. 162 *** （0. 272）	6. 566 *** （0. 809）	7. 515 *** （1. 030）	5. 200 *** （1. 341）
Observations	7648	6758	5254	3308	1946
R − squared	0. 128	0. 139	0. 106	0. 112	0. 127

变量	Panel B　社交活动时间				
	（1）	（2）	（3）	（4） political = 1	（5） political = 0
1. pu_source_t	− 0. 156 ** （0. 0699）	− 0. 139 * （0. 0752）	− 0. 186 ** （0. 0920）	− 0. 229 * （0. 121）	− 0. 152 （0. 143）
2. pu_source_t	− 0. 0903 （0. 0731）	− 0. 0970 （0. 0780）	− 0. 0755 （0. 0974）	− 0. 180 （0. 130）	0. 0944 （0. 155）
political		0. 0717 （0. 0490）	− 0. 0023 （0. 0552）		
Constant	4. 552 *** （0. 182）	5. 172 *** （0. 271）	6. 553 *** （0. 810）	7. 495 *** （1. 030）	5. 173 *** （1. 340）
Observations	7644	6759	5254	3308	1946
R − squared	0. 128	0. 138	0. 106	0. 112	0. 128
Firm Controls	Y	Y	Y	Y	Y
Entrepreneur Controls	N	Y	Y	Y	Y
Region Controls	N	N	Y	Y	Y
Fixed Effects	Y	Y	Y	Y	Y

注：括号中是稳健的标准差，*** 代表 $p < 0.01$，** 代表 $p < 0.05$，* 代表 $p < 0.1$。

进一步地，为了检验官员更替带来的"风吹草动"是否存在时间效应，这里分别考察了前一期、后一期的官员更替对企业家当期社交活动时间的影响。表5-5是前一期官员更替带来的政策不确定性对企业家当期时间配置的影响，表5-6是后一期市委书记换届带来的政策不确定性对企业家当期时间配置的影响。同样的，这里考察了市委书记是否更替、官员任期及官员来源三个指标，结果分别在各表的 *Panel A*、*Panel B*、*Panel C* 中。

表5-5　　　　政策不确定性与企业家社交活动时间（包含前一期）

变量	*Panel A*　社交活动时间				
	（1）	（2）	（3）	（4）	（5）
pu_change_t	- 0. 148 ** (0. 0660)	- 0. 152 ** (0. 0721)	- 0. 152 ** (0. 0739)	- 0. 224 ** (0. 0968)	- 0. 0511 (0. 120)
pu_change_t - 1	- 0. 0341 (0. 0605)	- 0. 0489 (0. 0646)	- 0. 0871 (0. 0669)	- 0. 0793 (0. 0858)	- 0. 0853 (0. 112)
political		0. 0043 (0. 0544)	- 0. 0047 (0. 0552)		
Constant	8. 077 *** (0. 236)	8. 539 *** (0. 365)	6. 798 *** (0. 817)	7. 689 *** (1. 035)	5. 482 *** (1. 364)
Observations	6191	5427	5247	3303	1944
R - squared	0. 097	0. 106	0. 106	0. 112	0. 127
变量	*Panel B*　社交活动时间				
	（1）	（2）	（3）	（4）	（5）
1. *pu_type_t*	- 0. 118 (0. 0779)	- 0. 152 * (0. 0856)	- 0. 168 * (0. 0877)	- 0. 253 ** (0. 115)	- 0. 0815 (0. 143)
2. *pu_type_t*	- 0. 200 ** (0. 0993)	- 0. 157 (0. 106)	- 0. 130 (0. 111)	- 0. 187 (0. 150)	0. 00624 (0. 173)
1. *pu_type_t* - 1	- 0. 0392 (0. 0647)	- 0. 0619 (0. 0690)	- 0. 0979 (0. 0715)	- 0. 107 (0. 0918)	- 0. 0646 (0. 119)
2. *pu_type_t* - 1	0. 0027 (0. 120)	0. 0099 (0. 127)	- 0. 0480 (0. 128)	0. 0415 (0. 167)	- 0. 179 (0. 209)
political		0. 0055 (0. 0544)	- 0. 0039 (0. 0552)		
Constant	8. 029 *** (0. 267)	8. 470 *** (0. 384)	6. 804 *** (0. 817)	7. 704 *** (1. 034)	5. 489 *** (1. 364)

续表

变量	Panel B 社交活动时间				
	（1）	（2）	（3）	（4）	（5）
Observations	6191	5427	5247	3303	1944
R – squared	0.097	0.106	0.106	0.112	0.127

变量	Panel C 社交活动时间				
	（1）	（2）	（3）	（4）	（5）
1. pu_source_t	−0.203** （0.0842）	−0.223** （0.0921）	−0.202** （0.0936）	−0.242** （0.122）	−0.170 （0.147）
2. pu_source_t	−0.0895 （0.0869）	−0.0899 （0.0945）	−0.105 （0.0987）	−0.210 （0.131）	0.0702 （0.159）
1. pu_source_t-1	0.0831 （0.0829）	0.0591 （0.0887）	0.0151 （0.0919）	0.0509 （0.116）	−0.0579 （0.151）
2. pu_source_t-1	−0.129* （0.0754）	−0.135* （0.0798）	−0.166** （0.0818）	−0.192* （0.106）	−0.101 （0.138）
political		0.0040 （0.0544）	−0.0056 （0.0552）		
Constant	7.976*** （0.241）	8.447*** （0.370）	6.824*** （0.817）	7.745*** （1.034）	5.446*** （1.365）
Observations	6184	5425	5247	3303	1944
R – squared	0.098	0.106	0.107	0.113	0.128

注：括号中是稳健标准差，*** 代表 $p<0.01$，** 代表 $p<0.05$，* 代表 $p<0.1$。（4）~（5）列为政治身份分样本回归。

表 5 – 6　　政策不确定性与企业家社交活动时间（包含后一期）

变量	Panel A 社交活动时间				
	（1）	（2）	（3）	（4）	（5）
pu_change_t	−0.130** （0.0559）	−0.116* （0.0596）	−0.111 （0.0741）	−0.198** （0.0989）	0.0250 （0.117）
pu_change_t+1	0.0127 （0.0586）	0.0239 （0.0633）	0.0919 （0.0780）	0.0332 （0.101）	0.269** （0.130）
political		0.0705 （0.0490）	−0.0029 （0.0552）		

变量	Panel A　社交活动时间				
	（1）	（2）	（3）	（4）	（5）
Constant	4.542*** (0.183)	5.145*** (0.272)	6.491*** (0.812)	7.471*** (1.035)	5.044*** (1.340)
Observations	7635	6751	5253	3308	1945
R − squared	0.128	0.138	0.106	0.112	0.129

变量	Panel B　社交活动时间				
	（1）	（2）	（3）	（4）	（5）
1. pu_type_t	− 0.140** (0.0650)	− 0.144** (0.0695)	− 0.113 (0.0877)	− 0.214* (0.116)	0.0070 (0.139)
2. pu_type_t	− 0.167* (0.0913)	− 0.114 (0.0969)	− 0.0903 (0.111)	− 0.159 (0.151)	0.0795 (0.173)
1. pu_type_t + 1	− 0.0355 (0.0682)	− 0.0299 (0.0747)	0.122 (0.0893)	0.0530 (0.109)	0.310* (0.163)
2. pu_type_t + 1	0.120 (0.0982)	0.135 (0.104)	0.0182 (0.129)	− 0.0289 (0.184)	0.197 (0.184)
political		0.0703 (0.0490)	− 0.0034 (0.0553)		
Constant	4.526*** (0.182)	5.123*** (0.272)	6.498*** (0.812)	7.480*** (1.035)	5.069*** (1.342)
Observations	7632	6748	5253	3308	1945
R − squared	0.128	0.138	0.107	0.112	0.129

变量	Panel C　社交活动时间				
	（1）	（2）	（3）	（4）	（5）
1. pu_source_t	− 0.163** (0.0710)	− 0.146* (0.0761)	− 0.164* (0.0939)	− 0.221* (0.124)	− 0.0920 (0.145)
2. pu_source_t	− 0.0973 (0.0740)	− 0.105 (0.0788)	− 0.0583 (0.0988)	− 0.176 (0.133)	0.141 (0.156)
1. pu_source_t + 1	− 0.0469 (0.0862)	− 0.0718 (0.0960)	0.0686 (0.113)	− 0.0087 (0.142)	0.246 (0.193)
2. pu_source_t + 1	0.0506 (0.0718)	0.0844 (0.0764)	0.107 (0.0940)	0.0620 (0.121)	0.280* (0.156)
political		0.0710 (0.0490)	− 0.0023 (0.0553)		

续表

变量	Panel C　社交活动时间				
	(1)	(2)	(3)	(4)	(5)
Constant	4.535 *** (0.182)	5.140 *** (0.272)	6.502 *** (0.818)	7.497 *** (1.039)	5.040 *** (1.351)
Observations	7628	6749	5253	3308	1945
R - squared	0.128	0.138	0.107	0.112	0.130

注：括号中是稳健标准差，*** 代表 $p < 0.01$，** 代表 $p < 0.05$，* 代表 $p < 0.1$。(4)~(5) 列为政治身份分样本回归。

　　首先，从表 5 - 5 Panel A 的结果来看，加入前一期的官员更替后系数并不显著，而当期的官员更替对当期企业家社交活动时间仍是显著为负的效果，且对有政治背景的企业家来说更显著，这与表 5 - 3 的回归结果一致。说明市委书记的变更在当期更有效，政局变动的影响不存在滞后效应，对企业家下一年社交活动时间配置的影响并不显著。而从 Panel B 的结果来看，也是只有当期的更替有显著影响，且主要是当期市委书记任职期满后的正常换届带来的企业家当期社交活动时间的显著减少，有政治背景的企业家受到的影响更大。同样的，市委书记任期未满的突然换届，企业家无法预期，并不会有显著的社交活动时间变动，且前一期的换届无论是期满还是未满都不会影响当期的企业家行为。从 Panel C 的结果来看，除了当期的本地升迁的市委书记换届对企业家当期社交活动时间带来的显著降低效应外，前一期的外地调任的市委书记换届也对企业家当期的社交活动时间产生了显著的影响。此处作者认为是由于前一期外地调任的市委书记引起了当地更大的"风吹草动"，企业家在当期无法预期，而在换届后的一年内仍面临较大的政策不确定性，存在滞后效应，企业家选择了谨慎投资策略，即"按兵不动、静观其变"，因此相对来说其构建"社会关系网"的时间显著减少，且对于有政治背景的企业家来说，会更加显著地减少"外出活动"。

　　其次，从表 5 - 6 后一期的市委书记换届带来的政策不确定性对企业家当期行为的影响可以发现，当期市委书记换届与表 5 - 3、表 5 - 4 及表 5 - 5 Panel A 的结果是基本一致的，不存在前瞻效应，此处不再赘述。但是后一期的市委书记换届、市委书记期满正常换届及外地调任的市委书记换届却使得没有政治背景的企业家社交活动时间显著增加，而其他的系数基本都是不显著的。作者认为这三种情况下企业家社交活动时间的增加有多种可能因素：如果现任市委书记期满面临着换届的可能，那么对于没有政治背景的企业家来说也是可预期的，政局的变动对他们来说意味着有"翻身"的可能，他们可能会趁机增加"社会关系网"的构建以改变现状，而有政治背景的企业家社交活动时间的系数虽也为正但并不显著，更多是受到书记换届当期产生的影响；如果市委书记的换届同样是可预期的，而且有可靠的"内部消息"表明现任市委书记将不再续任、新任书记会是外地调来的官员，那么这就意味着大部分企业家原有的"社会关系网"被切断，同样的，对于那些没有政治身份的企业家可以利用这个翻身的机会趁此构建属于自己的社会资本，相对来说其社交活动会显著增加，有政治背景的企业家的社交活动仍是虽增加但并不显著。这一结论表明，当官员的更替是可预期的情况时，没有政治背景的企业家社交活动的重新配置会提前表现得更敏感，加紧社交，而有政治背景的企业家并没有提前行动的必要。

由于以上本章采用的 2002 ~ 2010 年私营企业数据，其中企业家"外出联系生意、开会、公关招待"等针对的是不同的对象，而调查数据中 2002 年的数据对以上三类进行了细分："外出联系生意（business）""出外开会（meeting）""招待、应酬（invitation）"，因此这里采用 2002 年的数据进行了进一步研究，通过这样的细分可以更深入研究企业家社交活动时间的配置情况，回归结果见表 5 – 7。

表 5 – 7　　　官员更替与企业家社交活动时间（2002 年子样本）

变量	外出联系生意时间			出外开会时间			招待、应酬时间		
	（1）	（2）	（3）	（4）	（5）	（6）	（7）	（8）	（9）
pu_change_t	– 0. 216 **	– 0. 202 **	– 0. 215 **	– 0. 162 *	– 0. 144	– 0. 132	– 0. 0655	– 0. 0834	– 0. 0377
	（0. 0902）	（0. 0936）	（0. 0966）	（0. 0895）	（0. 0923）	（0. 102）	（0. 0665）	（0. 0699）	（0. 0724）
$political$		0. 0882	0. 129		– 0. 0349	– 0. 0632		0. 0542	0. 0546
		（0. 0797）	（0. 0823）		（0. 0893）	（0. 100）		（0. 0569）	（0. 0595）
$Constant$	2. 387 ***	2. 935 ***	1. 697	1. 633 ***	2. 094 ***	3. 902 ***	1. 283 ***	1. 315 ***	1. 176
	（0. 338）	（0. 537）	（1. 444）	（0. 482）	（0. 619）	（0. 987）	（0. 201）	（0. 299）	（0. 938）
$Observations$	1317	1201	1121	462	432	398	1453	1328	1237
$R – squared$	0. 047	0. 063	0. 068	0. 202	0. 237	0. 248	0. 080	0. 120	0. 120
$Firm$	Y	Y	Y	Y	Y	Y	Y	Y	Y
$Entrepreneur$	N	Y	Y	N	Y	Y	N	Y	Y

续表

变量	外出联系生意时间			出外开会时间			招待、应酬时间		
	(1)	(2)	(3)	(4)	(5)	(6)	(7)	(8)	(9)
Region	N	N	Y	N	N	Y	N	N	Y
Fixed Effects	Y	Y	Y	Y	Y	Y	Y	Y	Y

注：括号中是稳健的标准差，*** 代表 $p < 0.01$，** 代表 $p < 0.05$，* 代表 $p < 0.1$。

从表 5 - 7 的回归结果来看，由于市委书记的更替而减少的企业家社交活动时间主要为"外出联系生意（*business*）"的时间，对其他两项的影响基本不显著。这一结果与已有文献的结论一致，即当面临政策不确定时，企业投资会显著减少（徐业坤等，2013；曹春方，2013；贾倩等，2013；李凤羽和杨墨竹，2015；饶品贵等，2017），那么谨慎投资的企业家也会相应的减少"外出联系生意"，表现为显著为负的回归系数，这是与企业经营直接相关的一项，而相对来说企业家"出外开会""招待应酬"并没有受到显著的影响，表明企业家会减少投资等待政策不确定性消除，构建社会资本的时间并不会受到影响。

以上分析是针对企业家非生产性社交活动时间（*networking*）的配置研究，接下来将验证由于市委书记换届带来的政策不确定性对企业家经营管理时间（*management*）的影响，回归结果在表 5 - 8 中。同样的，此处也是研究了政策不确定性的三个指标，结果分别在 *Panel A*、*Panel B*、*Panel C* 中。

表 5 - 8　　　　　　　　　政策不确定性与企业家经营管理时间

变量	Panel A　经营管理时间				
	(1)	(2)	(3)	(4) political = 1	(5) political = 0
pu_change_t	0.0490 (0.0720)	0.0215 (0.0770)	-0.0083 (0.0938)	-0.184 (0.121)	0.225 (0.149)
political		0.0273 (0.0652)	0.0730 (0.0735)		
Constant	7.836 *** (0.231)	7.419 *** (0.348)	7.908 *** (1.077)	9.436 *** (1.385)	5.707 *** (1.730)

续表

变量	Panel A 经营管理时间				
	（1）	（2）	（3）	（4） political = 1	（5） political = 0
Observations	7797	6890	5313	3345	1968
R − squared	0.029	0.035	0.044	0.058	0.046
变量	Panel B 经营管理时间				
	（1）	（2）	（3）	（4） political = 1	（5） political = 0
1. pu_type_t	0.148 * (0.0829)	0.123 (0.0883)	0.124 (0.111)	− 0.0691 (0.143)	0.368 ** (0.179)
2. pu_type_t	− 0.175 (0.120)	− 0.210 (0.128)	− 0.228 (0.147)	− 0.368 * (0.194)	− 0.0258 (0.229)
political		0.0269 (0.0653)	0.0731 (0.0735)		
Constant	7.847 *** (0.231)	7.413 *** (0.348)	7.866 *** (1.078)	9.354 *** (1.387)	5.736 *** (1.733)
Observations	7794	6887	5313	3345	1968
R − squared	0.030	0.036	0.045	0.059	0.047
变量	Panel C 经营管理时间				
	（1）	（2）	（3）	（4） political = 1	（5） political = 0
1. pu_source_t	0.270 *** (0.0922)	0.246 ** (0.0990)	0.266 ** (0.121)	0.0702 (0.158)	0.507 *** (0.189)
2. pu_source_t	− 0.204 ** (0.0963)	− 0.212 ** (0.103)	− 0.293 ** (0.128)	− 0.461 *** (0.166)	− 0.0607 (0.204)
political		0.0272 (0.0652)	0.0698 (0.0734)		
Constant	7.828 *** (0.231)	7.423 *** (0.347)	7.952 *** (1.077)	9.456 *** (1.383)	5.786 *** (1.732)
Observations	7790	6888	5313	3345	1968
R − squared	0.031	0.037	0.046	0.060	0.048
Firm Controls	Y	Y	Y	Y	Y
Entrepreneur Controls	N	Y	Y	Y	Y
Region Controls	N	N	Y	Y	Y
Fixed Effects	Y	Y	Y	Y	Y

注：括号中是稳健的标准差，*** 代表 $p < 0.01$，** 代表 $p < 0.05$，* 代表 $p < 0.1$。（4）~（5）列为政治身份分样本回归。

首先，单纯的市委书记更替并没有带来企业家经营管理时间的显著变动，这与作者的初始预期一致，即认为企业家的经营管理时间是企业发展所必须的，并不会发生太大的变动。而继续深入考察时，可以发现市委书记是否为期满换届的影响是不稳定的，若官员为任期满后的正常换届，则显著增加了那些没有政治背景的企业家的经营管理时间，而任期未满突然离任的书记换届显著降低了那些有政治背景的企业家的经营管理时间。这一结果表明，对于任期满三年的市委书记的换届，企业家都是可以预期到的，有政治背景的企业家在企业管理方面同样是没有明显的变化，而没有政治背景的企业家在这种政局变动时期期待政策不确定性会对自己的企业发展有利，所以他们会加紧企业管理、督促企业的发展。而任期未满的情况下，有政治背景的企业家会更迅速地表现出谨慎投资的倾向，其经营管理时间明显减少。

从新任官员来源的角度来看，无论市委书记是本地升迁还是外地调任，对企业家经营管理时间的影响都是非常显著的，只是符号恰好相反。首先，本地升迁的官员换届使得企业家显著增加经营管理时间，与前面的社交活动时间的显著减少综合来看，企业家会花费更多的心思用于企业的日常经营。这主要是由于新任市委书记之前担任的是本地的市长、代市长或者副书记，升任后对于企业家原有的“社会关系网”影响不会很大，而且正如前文所述，升任后权利、管辖权都变大了，企业家也不需要进行不必要的社交活动时间，反而为了支持新任书记的“政绩”，需要加紧企业投资、提升企业绩效，因此相应的日常经营管理时间会显著增加，且没有政治背景的企业家会更加敏感。然而对于书记为外地调任的情况，企业家已经形成的社会资本受到了较大的干扰，会有更大的可能面临着政策不确定性，而且对于新任书记的来源企业家无法预期，所以一旦外地调任的新任书记上任，企业家面临这样的政局变动往往会选择“静观其变、谨慎投资”，企业家花费在日常经营管理的时间会显著减少，而且这一显著的负效应对于有政治背景的企业家来说更大。

5.4.3　进一步探讨

在以上对政策不确定性影响企业家时间配置研究的基础上，为了进一步考察政策不确定性是否会对企业家重新构建社会资本的经济成本带来影响，本小节采用了企业的公关招待费用、摊派费用分别占销售收入的比重这一标准化的处理来展开进一步的机制检验，回归结果在表 5-9、表 5-10 中。

表 5 - 9   政策不确定性与企业社交活动成本（公关招待费占比）

变量	Panel A 公共招待费占比				
	（1）	（2）	（3）	（4）political = 1	（5）political = 0
pu_change_t	0.0276 ***(0.0082)	0.0318 ***(0.0088)	0.0406 ***(0.0134)	0.0119(0.0119)	0.0884 ***(0.0290)
political		- 0.0673 ***(0.0071)	- 0.0828 ***(0.0092)		
Constant	- 0.0214(0.0192)	0.0189(0.0328)	- 0.211 **(0.0966)	- 0.144(0.0923)	- 0.480 **(0.230)
Observations	5962	5347	4002	2600	1402
R - squared	0.043	0.070	0.076	0.048	0.090

变量	Panel B 公共招待费占比				
	（1）	（2）	（3）	（4）political = 1	（5）political = 0
1. pu_type_t	0.0115(0.0087)	0.0140(0.0092)	0.0161(0.0156)	- 0.0177(0.0117)	0.0634 *(0.0353)
2. pu_type_t	0.0619 ***(0.0155)	0.0699 ***(0.0173)	0.0788 ***(0.0213)	0.0552 **(0.0215)	0.132 ***(0.0456)
political		- 0.0668 ***(0.0071)	- 0.0829 ***(0.0092)		
Constant	- 0,0258(0.0191)	0.0190(0.0328)	- 0.206 **(0.0961)	- 0.130(0.0918)	- 0.483 **(0.229)
Observations	5959	5344	4002	2600	1402
R - squared	0.045	0.073	0.079	0.055	0.092

变量	Panel C 公共招待费占比				
	（1）	（2）	（3）	（4）political = 1	（5）political = 0
1. pu_source_t	0.0178 *(0.0099)	0.0204 *(0.0108)	0.0205(0.0169)	0.0049(0.0152)	0.0493(0.0376)
2. pu_source_t	0.0385 ***(0.0116)	0.0439 ***(0.0123)	0.0614 ***(0.0191)	0.0196(0.0168)	0.125 ***(0.0403)
political		- 0.0671 ***(0.0071)	- 0.0824 ***(0.0092)		
Constant	- 0.0213(0.0193)	0.0184(0.0329)	- 0.216 **(0.0972)	- 0.144(0.0927)	- 0.498 **(0.233)
Observations	5956	5345	4002	2600	1402
R - squared	0.043	0.070	0.077	0.048	0.093

注：回归采用了稳健的标准差，*** 代表 $p < 0.01$，** 代表 $p < 0.05$，* 代表 $p < 0.1$。控制变量、固定效应处理同表 5 - 8。

表 5 - 10　　　　政策不确定性与企业社交活动成本（摊派费占比）

变量	Panel A　摊派费占比				
	（1）	（2）	（3）	（4）political = 1	（5）political = 0
pu_change_t	0.0081 *(0.0047)	0.0108 **(0.0050)	0.0130 *(0.0076)	0.0058(0.0085)	0.0242 *(0.0146)
political		- 0.0335 ***(0.0041)	- 0.0404 ***(0.0052)		
Constant	0.0213(0.0135)	0.0493 **(0.0193)	0.0423(0.0597)	0.0019(0.0607)	0.0710(0.137)
Observations	4933	4429	3306	2136	1170
R - squared	0.040	0.060	0.069	0.041	0.095

变量	Panel B　摊派费占比				
	（1）	（2）	（3）	（4）political = 1	（5）political = 0
1. pu_type_t	0.0027(0.0049)	0.0043(0.0051)	0.0024(0.0087)	- 0.0113(0.0075)	0.0233(0.0186)
2. pu_type_t	0.0205 **(0.0086)	0.0253 ***(0.0098)	0.0290 **(0.0120)	0.0285 *(0.0152)	0.0258(0.0207)
political		- 0.0335 ***(0.0041)	- 0.0406 ***(0.0052)		
Constant	0.0202(0.0135)	0.0501 ***(0.0193)	0.0447(0.0596)	0.0082(0.0607)	0.0712(0.137)
Observations	4931	4427	3306	2136	1170
R - squared	0.041	0.062	0.070	0.047	0.095

变量	Panel C　摊派费占比				
	（1）	（2）	（3）	（4）political = 1	（5）political = 0
1. pu_source_t	0.0103(0.0064)	0.0103(0.0069)	0.0125(0.0106)	0.0113(0.0120)	0.0094(0.0210)
2. pu_source_t	0.0066(0.0056)	0.0116 *(0.0060)	0.0135(0.0097)	- 0.0004(0.0106)	0.0380 **(0.0184)
political		- 0.0335 ***(0.0041)	- 0.0404 ***(0.0052)		
Constant	0.0213(0.0135)	0.0491 **(0.0193)	0.0422(0.0599)	0.0026(0.0609)	0.0651(0.138)
Observations	4927	4427	3306	2136	1170
R - squared	0.041	0.060	0.069	0.042	0.097

注：回归采用了稳健的标准差，*** 代表 $p < 0.01$，** 代表 $p < 0.05$，* 代表 $p < 0.1$。控制变量、固定效应处理同表 5 - 8。

（1）从表 5 - 9 的回归结果来看，*Panel A* 中第（3）列官员是否更替带来了企业公关招待费占比的显著增加，企业家的政治背景则显著降低了企业的公关招待花费，即没有政治背景的企业家相对会花费更多的经济成本用于公关招待，这一结果是符合预期的。首先，当存在官员更替带来的政策不确定性时，企业家原有的"社会关系网"被切断，为了构建新的社会资本则必定需要花费一定的经济成本，而且对于那些没有政治背景的企业家来说，本身也需要比有政治身份的企业家花费更多的经济成本才能构建一定的社会资本。综合前面时间配置的结果来看，单纯的市委书记的更替带来了企业家社交活动时间的显著减少、社交活动经济成本的显著增加，但经营管理时间的变动并不显著且量级很小，这些结论均验证了本章前文提出的三个假设。

其次，当作者进一步考察市委书记任期的影响时（*Panel B*），可以发现前任市委书记的突然离任带来了企业社交活动成本的显著增加，同样企业家的政治身份可以显著地减少其社交活动成本，但针对企业家政治背景的分样本结果则表明无论企业家是否有政治身份，当面临市委书记任期未满的突然离任时，他们的公关招待费都显著增加了。而且对于没有政治身份的企业家来说，无论市委书记是否为任职期满正常更替，他们都会面临更高的社交活动成本。这主要是因为市委书记的任期是可以观察的，如果现任书记的任期达到 3 年，那么会有很大的可能面临换届，所以企业家可以提前采取应对策略，不至于在发生官员更替时花费大量成本用于社交，因此正常更替对社交活动成本的影响并不显著。而市委书记的突然离任可能是由于升职、违规等原因，企业家是无法提前预期的，所以在这种情况下社会资本会受到较大影响，需要增加社交活动成本来构建新的"人脉关系网"，且对于所有企业来说都是成本增加的，只是对于没有政治身份的企业家来说成本增加会更明显。

最后，表 5 - 9 *Panel C* 新任官员来源的回归结果表明，外地调任来的市委书记会显著增加企业家进行非生产性社交活动的经济成本，本地升迁市委书记上任带来的影响并不显著，企业家政治身份的影响仍然是显著为负的，而且当市委书记是外地调任时，企业家没有政治背景的企业会面临经济成本增加的更多。此处作者认为，由于本地升迁上任的市委书记并不会带来较大的政局变动，企业家无需花费太多精力用于社交活动中就可以继续保持原有的社会资本，因此社交活动时间显著减少、经济成本并不会显著增加。而当新任市委书记为外地调任时，企业家需要重新花费成本构建新的"社会关系网"，且没有政治关联的企业需要花费的更多。总体来看，无论如何度量政策不确定性指标，企业面临的构建社会资本的经济成本都是显著增加的，回归结果符合本章前文假设 3 提出的观点。

（2）表 5 – 10 为本章采用摊派费占销售收入的比重进行的社交活动经济成本的稳健性检验，政策不确定性的三个指标的回归结果分别在 *Panel A*、*Panel B*、*Panel C* 中，可以发现，各回归结果与表 5 – 9 中的公关招待费占比基本一致。但 *Panel C* 中第（3）列全变量回归时新任官员来源的指标系数 0.0135 不太显著（显著性水平为 16%），第（2）列的系数 0.0116 在 10% 水平上显著，也基本符合表 5 – 9 公关招待费的回归结果，且三个子表格中企业家政治身份对企业摊派费占比的影响都是 1% 水平下显著为负的。

因此，综合表 5 – 9 和表 5 – 10 的回归结果来看，短期内政策不确定性均带来了当期企业家社交活动经济成本的显著提高，这表明为了应对市委书记更替带来的政局变动，企业均需要增加公关招待费、摊派费比重来维持或重建一定的社会资本，企业家必须要根据政局变动不断调整自己的时间配置与经费投资策略，以保障企业的长期良好发展。但是从企业的长期发展来看，企业家的时间配置与经费投资策略还会受到其他多种因素的影响，各种因素综合作用的结果，使企业家各项投资决策的变动趋于平缓，因此本章通过对政策不确定性前期、当期和后期三期的实证分析，可以发现当期带来的影响最为显著，并不存在显著的前瞻效应或滞后效应。更重要的是，我们国家采取的官员任期限制与异地交流制度带来的政局变动，虽然对私营企业的发展带来了一些影响，但主要是为了防止已经存在的不合理政企关系，为所有企业的发展营造一个更加公平公正的外部空间，从根本上解决制度环境不完善对私营企业发展环境的影响，进而也有利于整个社会资源配置效率的提升。

考虑到实证分析的完整性，关于内生性问题，本章认为，由于被解释变量为地方官员更替代表的政策不确定性，而市委书记的任命是由上级决定的，所以它是一个非常外生的变量，也并不会受到解释变量企业家时间配置的影响。而且，本章通过不同的模型设定进行实证研究，逐步加入了企业层面、企业家层面及地区层面的各类控制变量。综合来看，在本部分中，内生性问题并不是一个需要特别担心的问题。

5.5　总结与评述

处于转型期的中国面临国民经济发展的严峻挑战，私营企业作为国民经济发展的主要生力军，需要一个更为公平公正、资源配置效率更高的发展环境，而这就需要我国不断加强制度环境的完善、对生产者合法权益的保护以及知识产权保护。当面临由市委书记更替带来的不同类型、不同程度的政策不确定性时，企业家行为会明显发生变化，以新的投资策略来应对这样的政局变动。本章通过采用 2002～2010 年的私营企业调查数据为样本进行的回归分析，实证探讨了由官员更替带来的政策不确定性对企业家行为模式，尤其是对其管理劳动时间配置的影响。

研究结果发现，当期发生官员更替带来的政策不确定性会显著降低企业家的社交活动时间，前一期和后一期发生官员更替时的影响并不是很显著，即政策不确定性对企业家管理劳动时间配置的影响不存在明显的前瞻或滞后效应；企业家政治身份的影响主要通过分样本检验得以体现，与没有政治身份的企业家相比，有政治身份的企业家社交活动时间减少的更明显；当市委书记为任期满 3 年后的正常更替，或为本地市长、代市长、副书记升迁为书记时，企业家的社交活动时间会下降得更明显。从对企业家日常经营管理的影响来看，当期发生的市委书记更替带来的政策不确定性对企业家日常经营管理时间的影响不是很显著，但新任市委书记是本地升迁还是外地调任却显著影响了企业家的经营管理时间，本地升迁的书记更替显著增加了企业家的经营管理时间，而外地调任的书记更替则显著降低了经营管理时间。此外，政策不确定性不仅带来了企业家时间的再分配，同样也带来了用于构建社会资本的社交活动成本显著增加。当存在市委书记更替，尤其是任期未满 3 年的书记突然更替、外地调任的书记更替时，企业家公关招待、摊派等社交活动经济成本均显著提高。

总体来看，当面临政策不确定时，企业家花费的社交活动时间显著降低、经济成本显著增加，经营管理时间变动不是很显著。这表明由官员更替带来的政局变动不仅会带来当地政策的变动，企业家会谨慎投资或者延缓投资，也打破了企业家原有的"社会关系网"，而且为了重新构建社会资本，企业家需要花费更多的经济成本，企业的运营成本增加。虽然由于官员更替带来的政策不确定性短期内带来了私营企业家投资策略的显著变化，但长期来看，我国目前采取的官员交流，特别是官员异地交流制度在切断企业家原有社会关系的同时，也大大避免了不合理的政企合谋，弥补了目前我国制度环境不完善的缺陷，私营企业可以拥有一个更加公平公正的发展空间，进而会在很大程度上提升整个社会的资源配置效率。

本章有关官员更替带来的政策不确定性对企业家决策，尤其是企业家管理劳动时间再分配的影响，不仅在理论上补充了政策不确定性与企业发展的研究，更重要的从企业家个人偏好的角度充分解释了企业应对政策不确定性的战略决策。中国为了能够更好地实现从计划经济向市场经济的成功转型，需要更加重视市场的自我调节功能，减少政府对市场经济的干预程度，推进依法治国、加强产权保护，增强对地方政府官员的有效监督，从而降低企业对政府制定经济政策的强烈依赖，更好地完善企业发展的外部制度环境，提升企业应对风险与政策不确定性的能力，才能保证企业乃至整个国民经济的长期可持续发展，更快更好地实现全面的市场化经济。

第 6 章

劳动力质量与私营企业劳动生产率

6.1 引　言

改革开放 40 多年来，我国私营企业蓬勃发展，习近平总书记指出："民营经济从小到大、由弱变强，在稳定增长、促进创新、增加就业、改善民生等方面发挥了重要作用，成为推动经济社会发展的重要力量"[①]。支持私营企业发展是我国重要经济政策，私营企业也是我国经济学者的重要研究对象。现有研究主要围绕着私营企业的以下几方面问题：政治关联、融资约束、劳动收入份额、慈善捐赠和研发创新等（邓建平和曾勇，2009；徐业坤等，2013）。对于我国私营企业发展，特别值得关注的是，近年来一些企业在经营过程中遇到了不少的困难和问题，有"民营企业家形容为遇到了'三座大山'：市场的冰山、融资的高山、转型的火山"，对于其原因，习近平总书记指出，外因主要是"国际经济环境变化""我国经济由高速增长阶段转向高质量发展阶段""政策落实不到位"[②]，同时还有私营企业自身的原因。

在当前经济背景下，研究我国私营企业的生产经营绩效无疑有重要的理论和政策意义。尽管已有大量文献研究我国私营企业，但其中研究生产经营绩效的较少。多数文献仅探讨了影响私营企业生产经营绩效的某方面因素，如徐业坤等（2013）检验了政治不确定性和政治关联对私营企业投资支出水平的影响，王丹（2018）分析了信贷政策对于私营企业信贷决策

①② 引自 2018 年 11 月 1 日习近平总书记在民营企业座谈会上的讲话（参见新华网：http://www.xinhuanet.com/politics/leaders/2018 – 11/01/c_1123649488.htm）。

的影响渠道，尽管融资约束和投资等因素都会影响企业生产经营效率，但并不能完全等同。另外，确有少数文献对私营企业的生产经营绩效开展研究，但一般是以上市公司为对象，如邓建平和曾勇（2009）以272家IPO上市的民营企业为研究对象，分析了政治关联与企业经营绩效的关系，也有研究采用调查数据，如鞠芳辉等（2008）以浙江省308家民营企业为样本，分析了企业最高管理者领导行为对企业绩效的影响。正如习近平总书记所指出的，"截至2017年底，我国民营企业数量超过2700万家，个体工商户超过6500万户……民营经济……贡献了50%以上的税收，60%以上的国内生产总值，70%以上的技术创新成果，80%以上的城镇劳动就业，90%以上的企业数量。"① 显然，仅以上市的或经济发达地区的二三百家民营企业，是无法代表我国数量庞大的民营企业，特别是其中大量的中小微企业。

因此，衡量私营企业的生产经营绩效并分析其影响因素，是一个待完成的重要工作。本章旨在应用马克思主义经济学方法，构建衡量私营企业劳动生产率的经济指标，作为其生产经营绩效的代表变量，并分析劳动力质量对企业劳动生产率提高的影响。本章的创新主要体现在以下两方面：首先，应用马克思关于劳动力质量和劳动生产率的基本概念以及劳动价值论等基本原理和方法，分析我国社会主义市场经济条件下出现的私营经济现象。本章的研究，可以视为是"把马克思主义基本原理同中国具体实际和时代特征结合起来，运用马克思主义的立场、观点、方法研究和解决中国革命、建设、改革中的实际问题"（习近平，2008）的一个探索。其次，在现有马克思主义经济学研究基础上，文章构建理论模型，并提出基于劳动价值论的企业生产经营绩效衡量指标——劳动生产率的估计方法。马克思在劳动价值论基础上发展的劳动生产率概念，与科技创新、生产力进步密切相关，和现有研究中常用的财务绩效和全要素生产率等指标存在根本区别。习近平总书记非常重视我国现阶段社会生产力发展和劳动生产率提高的问题，他指出："主导国家命运的决定性因素是社会生产力发展和劳动生产率提高，只有不断推进科技创新，不断解放和发展社会生产力，不断提高劳动生产率，才能实现经济社会持续健康发展，避免陷入'中等收入陷阱'。"② 无论从丰富发展马克思主义经济学，还是从促进我

---

① 引自2018年11月1日习近平总书记在民营企业座谈会上的讲话（参见新华网：http://www.xinhuanet.com/politics/leaders/2018-11/01/c_1123649488.htm）。

② 引自2014年8月18日习近平总书记在中央财经领导小组第七次会议上的讲话（参见人民网：http://politics.people.com.cn/n1/2016/0320/c1001-28212340.html）。

国私营企业发展角度，文章的研究都有重要意义。

6.2　文献述评与理论基础

6.2.1　劳动力质量与人力资本

　　一般认为，人力资本的概念是由博格在 1916 年提出的，用于描述劳动者知识、技能及健康等"质量"因素的概念（李健民，1999）。事实上，马克思早就指出，增加个人的自由时间并使之得到充分发展就相当于生产固定资本（任洲鸿和刘冠军，2008），而"这种固定资本就是人本身。"① 因此，在雇用劳动条件下，人力就是劳动力，而人力资本就代表了劳动力的"质量"因素。马克思指出："每一种商品的价值都是由提供标准质量的该种商品所需要的劳动时间决定的"②，那么劳动力商品的"标准质量"就是对劳动者的知识、技能、健康乃至道德水准、团队精神等的规定（荣兆梓，2009）。在不同的经济发展阶段，对劳动力质量会有不同的要求，如手工业生产阶段需要有专业化技能的劳动者，资本主义早期的大机器生产阶段则需要在流水线上熟练操作的工人，现代化大生产阶段既需要有一定劳动技能的蓝领即现代产业工人，也需要管理劳动为主的白领，还需要高学历、高技能的研发人员。尽管我们认为劳动力质量和人力资本概念有相近的内涵，但不应把人力资本视为一种资本，因为多数情况下劳动力即使拥有较高的劳动技能、在被雇用时能够获得较高的劳动报酬，他仍然是被剥削的对象，所谓人力资本无非是他所获得的劳动报酬超出平均水平部分的资本化。这也意味着我们可以吸收借鉴现有文献中关于人力资本的研究结论。

　　人力资本是现代经济学的重要领域，有很多学者研究了人力资本和经济增长的关系，如：巴罗（Barro，1991）应用 1960 ~ 1985 年跨国数据探究经济增长的决定因素，研究表明人力资本不仅显著提高了经济增长率，还显著降低了生育率、促进了实物资本投资；刘智勇等（2018）研究发现，人力资本结构高级化能够通过推动技术结构升级和产业结构升级对经

---

　　① 《马克思恩格斯全集》第 46 卷（下）［M］. 北京：人民出版社，1980：225.
　　② 马克思.《资本论》第 1 卷［M］. 北京：人民出版社，2004：201.

济增长产生重要的促进作用。此外，还有很多文献研究了人力资本的不同特征对经济增长和技术创新等的影响，如：黄艳萍等（2013）研究了不同层级教育对中国地区经济增长差异的影响，发现初级教育作为生产要素直接促进最终产出，高级教育则通过加快技术创新与模仿的速度提高全要素生产率，二者作用方式不同；纪雯雯和赖德胜（2018）利用我国行业数据测算了人力资本配置对创新绩效的影响，发现随着高等教育扩展人力资本规模扩大有利于创新绩效，但是配置效率低下却有损创新绩效。

上述关于人力资本的研究说明，高质量劳动力供给在微观层面有利于促进企业创新、提升企业效率，在宏观层面则有利于促进经济增长。在现代市场经济的生产力发展进程中，对劳动者质量的要求一直在提高，包括生产现场的现代产业工人，为企业提供管理、销售和财务等服务的管理者，以及从事新产品研发工作的工程师，对他们的责任心、合作精神和创造力的要求都在提升（荣兆梓，2009）。习近平总书记在党的十九大报告中指出，要"优先发展教育事业""健全学生资助制度，使绝大多数城乡新增劳动力接受高中阶段教育、更多接受高等教育"，这些都充分体现了我国政府对劳动者质量的重视和政策支持。

6.2.2　马克思关于劳动生产率的观点

马克思定义了"个别生产力（率）""部门的生产力（率）"和"社会劳动生产率（力）"三种劳动生产率，本章所要研究的私营企业劳动生产率属于"个别生产力"（率）的范畴，也即某个企业活劳动的生产率，它用"产品数量/个别企业的活劳动时间"表示（阎存志，1991）。马克思曾举例："如果一个劳动小时用金量来表示是 6 便士或 1/2 先令，一个 12 小时工作日就会生产出 6 先令的价值，假定在一定的劳动生产力条件下，在这 12 个劳动小时内创造的 12 件商品，每件商品用掉的生产资料、原料等的价值是 6 便士，在这种情况下，每件商品花费 1 先令，即 6 便士是生产资料的价值，6 便士是加工时新加进的价值。现在假定有一个资本家使劳动生产力提高一倍，在一个 12 小时工作日中不是生产 12 件商品，而是生产 24 件。在生产资料的价值不变的情况下，每件商品的价值就会降低到 9 便士，即 6 便士是生产资料的价值，3 便士是最后的劳动新加进的价值……现在，这个商品的个别价值低于它的社会价值，就是说，这个商品所花费的劳动时间，少于在社会平均条件下生产的大宗同类商品所花费的劳动时间。"① 在这个例子中，企业个别劳动生产率和企业劳动者单位时间创造的新价值（指社会价值，下同）呈正比：企业的劳动生产率从 1（=产品数量 12 件/生产商品需要的活劳动时间 12 小时）提高到 2（=产品数量 24 件/生产商品需要的活劳动时间 12 小时），提高了一倍；另外，如果"在社会平均条件下生产的大宗同类商品所花费的劳动时间"不变，即该商品的社会价值不变，则该企业劳动者每小时新创造的价值从 6 便士提高到 12 便士②，也提高了一倍。正如马克思分析这个例子时指出的："生产力特别高的劳动起了自乘的劳动的作用，或者说，在同样的时间内，它所创造的价值比同种社会平均劳动要多。"③ 因此，在同年度和同部门内，我们可以用企业劳动者在单位时间里面创造的新价值来衡量企业的个别劳动生产率，两者有正相关关系。

　　上述对企业劳动生产率的估计方法，适用于个别"资本家使劳动生产力提高"，譬如某资本家"使用新的机器"使劳动生产率提高了，而同行业"大量生产继续以旧的生产资料为基础"④ 的情况。但如果整个部门（或行业，下同）的劳动生产率提高了，则不再适用，马克思举了以下的例子："如果劳动生产率在某一个生产部门有了发展，例如用机器织机代替手工织机来生产布，已经不是例外的情况，用机器织机织 1 码布所需要的劳动时间，只是用手工织机织 1 码布所需时间的一半，那么，一个手工织工的 12 小时就不再表现为 12 小时的价值，而只是表现为 6 小时的价值，因为必要劳动时间现在缩短为 6 小时了。"⑤ 在这个例子中，虽然部门劳动生产率提高，但部门劳动者单位时间创造的新价值是不变的：部门劳动生产率从手工织工的 1/12（=产品数量 1 码布/手工织工劳动 12 小时）提高到机器织工的 1/6（=产品数量 1 码布/机器织工劳动 6 小时），提高了一倍；另一方面，手工织工 12 小时生产 1 码布，创造了 12 小时的价值，而机器织工 6 小时生产 1 码布，也创造了 6 小时的价值，因此劳动者单位时间创造的新价值

---

　　① 马克思.《资本论》第 1 卷 [M]. 北京：人民出版社，2004：352.
　　② 在劳动生产率提高前，这个企业的劳动者每小时生产 1 件商品，每件商品的价值是 12 便士，其中 6 便士是用掉的生产资料价值（即马克思价值分解方程 $w = c + v + m$ 中的 c 部分），6 便士是劳动者新创造的价值（即 $v + m$ 部分）。因此，劳动生产率提高前，劳动者每小时创造的新价值是 6 便士。在劳动生产率提高以后，这个企业的劳动者每小时生产 2 件商品，如果商品的社会价值不变，每件商品的价值仍是 12 便士，其中 6 便士是用掉的生产资料价值（即 c 部分），6 便士是劳动者新创造的价值（即 $v + m$ 部分），则劳动生产率提高以后劳动者每小时创造的新价值是 12 便士。
　　③ 马克思.《资本论》第 1 卷 [M]. 北京：人民出版社，2004：354.
　　④ 《马克思恩格斯全集》第 47 卷 [M]. 北京：人民出版社，1979：361.
　　⑤ 《马克思恩格斯全集》第 26 卷 [M]. 北京：人民出版社，1972：423 - 424.

不变。这反映了马克思指出的"不管生产力发生了什么变化，同一劳动在同样的时间内提供的价值量总是相等的"① 的观点。因此，估计企业劳动生产率时就存在矛盾，如果个别企业劳动生产率提高了，则企业劳动者在单位时间里面创造的新价值会增加；如果整个部门的劳动生产率提高了，则该部门劳动者在单位时间里创造的新价值是保持不变的。要解决该问题，可以借鉴著名马克思主义经济学家卫兴华（2014）提出的一个重要观点："一个国家或地区的生产力或劳动生产力的高低，就是用劳动生产率来测量的……可用人均 GDP 来测算……GDP 按不变价格计算，实际上是使用价值指标，而非价值指标。"本章采用的做法是以"不变价格"衡量部门或企业在不同年度劳均创造的新价值的增长率，作为部门或企业劳动生产率的增长率的代表变量。也即，同年度、同部门内劳均创造的新价值越高的企业，其个别劳动生产率越高；在不同年度，以不变价格计算该部门或企业劳均创造的新价值的增长率，则代表了部门或企业劳动生产率的增长率。接下来，我们将构建理论模型讨论这个估计方法的合理性。

6.3　样本数据与计量模型设定

6.3.1　样本数据来源

本书所研究的私营企业数据来自由中共中央统战部、中华全国工商业联合会、国家市场监管总局、中国社会科学院、中国民营经济研究会组成的私营企业课题组主持进行的"中国私营企业调查"所提供的全国私营企业抽样调查数据，样本期间是 2004 ~ 2014 年。该调查每两年进行一次，以《中国统计年鉴》中私营企业的规模结构和行业结构为依据确定随机抽样的比例来选取私营企业样本，涵盖了全国 31 个省、自治区、直辖市的各个行业及各种类型的私营企业。这样就克服了邓建平和曾勇（2009）、鞠芳辉等（2008）等以上市公司或特定区域的民营企业为研究对象，可能存在的样本选择问题。以上市公司为例，能够上市的民营企业通常生产规模较大、盈利水平较高，并不能代表私营企业的整体情况。

---

① 马克思.《资本论》第 1 卷 [M]. 北京：人民出版社，2004：60.

根据被调查企业的邮政编码进行手动定位城市、省份，匹配了 2002 ~ 2012 年各地区的劳动力质量[①]，劳动力质量的衡量借鉴黄艳萍等（2013）的研究，采用各等级劳动者受教育年限之和除以劳动人口数来度量，其中劳动者的受教育程度直接来源于 CEIC 中经网数据库。以受教育年限来衡量劳动力质量，符合马克思对劳动力质量的描述："要改变一般的人的本性，使它获得一定劳动部门技能和技巧，成为发达的和专门的劳动力，就要有一定的教育或训练"[②]，"教育会生产劳动能力"[③]。此外，为了控制企业所在地区本身造成的企业外部发展环境的差异，我们进一步匹配了樊纲等（2016）发布的《中国市场化指数——各地区市场化相对进程》以及《中国城市统计年鉴》等。我们还对数据进行了以下处理：剔除了信息不完整、有变量缺失的企业，剔除了金融行业及已经上市的公司，剔除了企业家年龄小于 18 周岁、雇用员工数少于 8 人的企业，剔除了邮政编码错误导致数据库匹配不成功的企业。

6.3.2　变量定义

本章变量说明见表 6 - 1。被解释变量为私营企业的劳动生产率，根据前文的理论分析，可以用企业每个员工创造的新价值来衡量其劳动生产率，具体的计算公式为每个企业当年的（税收 + 税后净利润 + 工资）/员工数，同时在实证过程中我们采用了按 1978 年不变价格将其进行转换后的实际值。关键解释变量为劳动力质量，采用各省人口的平均受教育程度来度量，其中，受教育程度根据受教育年限分为四个等级：小学及以下为 6 年，初中为 9 年，高中为 12 年，大专及以上为 17 年。前两个等级合并定义为初级教育，后两者合并定义为高级教育。这样可以定义三个指标：劳动力质量等于各等级劳动者受教育年限之和除以劳动人口数：初级劳动力质量等于受初级教育的劳动者受教育年限之和除以劳动人口数；高级劳动力质量等于受高级教育的劳动者受教育年限之和除以劳动人口数。

---

　　① 由于私营企业调查数据实际调查的指标为上一年的数据，如 2012 年私营企业调查问卷中的问题为 "2011 年本企业……"，同时考虑到潜在的内生性问题，匹配时采用了上一年度劳动力质量与当年企业数据进行匹配，即采用了 2010 年受教育程度数据与 2012 年私营企业数据（实际企业指标为 2011 年）进行匹配。
　　② 马克思.《资本论》第 1 卷［M］. 北京：人民出版社，2004：195.
　　③ 《马克思恩格斯全集》第 28 卷［M］. 北京：人民出版社，1973：210.

表 6 - 1　　　　　　　　　　　　　变量说明

变量名称	变量定义
劳动生产率	劳动者人均创造的新价值 = ln[（税收 + 税后净利润 + 工资）/员工数 + 1]
劳动力质量	劳均人力资本存量 = ln(受教育程度之和/劳动人口数 + 1)
	劳均初级人力资本存量 = ln(受初级教育的劳动者受教育年限之和/劳动人口数 + 1)
	劳均高级人力资本存量 = ln（受高级教育的劳动者受教育年限之和/劳动人口数 + 1）
企业规模	ln（企业雇用员工数 + 1）
企业年龄	调查年份 - 创办年份
企业类型	1 = 独资，2 = 合伙，3 = 有限责任公司，4 = 股份有限公司
企业家年龄	调查年份 - 出生年份
企业家性别	1 = 男性，0 = 女性
政治身份	企业家是否为人大代表、政协委员或曾在县级以上政府部门任职
企业家收入	ln(企业家的个人年收入 + 1)
金融发展指数	银行贷款额/GDP
金融市场化指数	各地区金融市场化程度指数
政府与市场关系指数	各地区政府与市场关系程度指数
企业行业	行业虚拟变量
调查年份	年份虚拟变量
归属地区	地区虚拟变量

注：表中受教育程度单位为年，税收、税后净利润、工资、总资产、企业家个人年收入、银行贷款额、GDP 等变量的单位均为万元。

为了验证回归结果的稳健性，文章采用了逐步加入控制变量的方式。首先控制了企业层面的相关变量，主要有企业规模、企业年龄和企业类型。企业家个人特征的控制变量选取了企业家的年龄、性别、政治身份、个人收入等相关的变量。地区层面的控制变量主要有金融发展指数、金融市场化程度和政府与市场关系程度。同时，文章还控制了企业所处行业、被调查年份、所处地区等固定效应。由于问卷中每年行业分类并不统一，文章将所有年份的行业按照 13 个行业①进行整合，以便统一标准。

6.3.3　计量模型设定

为了验证劳动力质量对私营企业劳动生产率的影响，采用以下计量模型：

$$value = \beta_0 + \beta_1 edu + \beta_2 X_{Controls} + \sum industry$$
$$+ \sum year + \sum area + \epsilon$$

其中，value 代表私营企业的劳动生产率，即劳均创造的新价值；edu 代表劳动力质量，即劳动者的受教育程度，进一步可细分为初级和高级劳动力质量。$X_{Controls}$ 代表各类控制变量：企业层面（企业规模、企业年龄和企业类型），企业家个人特征（企业家年龄、性别、政治身份和个人收入），地区层面（金融发展指数、金融市场化程度和政府与市场关系程度）等。industry、year、area 代表企业所属行业、被调查年份和所处地区的固定效应；β_0 为常数项，β_i 为各解释变量的回归系数，ϵ 为扰动项。

6.3.4　描述性统计

表 6 - 2 为各变量的描述性统计分析结果，考虑到存在异常值的可能性，文章将变量进行了 1% 水平的 Winsorize 处理，最终得到的样本量为 14392。首先，关键被解释变量劳动生产率均值为 0.413 万元/人，标准差为 0.735，表明不同企业间劳均创造的新价值差异较大。以劳动者受教育程度衡量的劳动力质量指标的均值为 9.284 年，表明大部分劳动者都完成了九年义务教育，受教育程度平均为初中。可见，我国劳动者基本都能完成义务教育，但受高级教育（高中及以上）的整体较少，提高劳动者质量仍有较大空间。企业平均雇用员工数在 200 人左右，标准差 398.519，表明不同企业间规模差异较大。企业家作为私营企业的所有者和决策者，其个人特征、行为等都是企业文化的代表性因素，在引领企业发展方向、制定企业发展战略方面起重要决定性作用。从表中可以发现，企业家年龄均值为 45 岁左右，86.2% 为男性，拥有人大代表、政协委员或政府任职背

---

① 13 个行业分别为：农林牧渔业，采矿业，制造业，电力、煤气、水，建筑业，交通运输，科研技术，住宿餐饮，批发零售，金融业，房地产，信息服务、居民服务、租赁、公共设施、卫生、体育、教育、文化，剩余的编为其他。

景的约为 57.4%，个人年收入平均为 16.286 万元。最后，代表企业所处地区经济制度环境的控制变量标准差较大，因此，将金融发展指数、金融市场化程度、政府与市场关系程度等变量作为控制变量十分必要。

表 6 – 2　　　　　　　　　　变量描述性统计

变量名	均值	标准差	最小值	最大值
劳动生产率	0.413	0.735	− 0.050	5.431
劳动力质量	9.284	0.903	7.197	12.415
受初级教育程度	7.704	0.285	6.654	8.278
受高级教育程度	13.772	0.424	13.080	15.134
企业规模	198.636	398.519	8	2631
企业年龄	10.176	5.201	2	24
企业类型	2.711	0.844	1	4
企业家年龄	45.662	8.196	26	66
企业家性别	0.862	0.344	0	1
企业家政治身份	0.574	0.494	0	1
企业家个人年收入	16.286	23.858	0	163
金融发展指数	0.012	0.006	0.001	0.036
金融市场化程度	11.862	3.727	− 13.71	20.96
政府与市场关系	8.316	1.703	− 8.73	10.65

注：表中劳动者受教育程度单位为年，劳均力生产率单位为万元/人，企业家个人年收入单位为万元。

6.4　实证结果与分析

6.4.1　私营企业劳动生产率的变动趋势

在图 6 – 1 中，我们根据 2004 ~ 2012 年私营企业调查数据，计算私营企业平均劳动生产率的变动趋势。代表变量是劳动者人均创造的新价值，计算方法是将当年私营企业创造的新价值全部加总，然后除以每家企业的员工数总和。按 1978 年不变价格计算的私营企业平均劳动生产率，从 2004 ~ 2014 年呈显著上升趋势，共上升了约 1.69 倍，年均增长 5.39%。具体看，私营企业劳动生产率有两个显著增长阶段：2006～2010 年和 2012～2014 年。

（1）2006～2010 年，私营企业劳动生产率上升了约 1.55 倍。2005 年，国务院发布《关于鼓励支持和引导个体私营等非公有制经济发展的若干意见》，清理和修订了阻碍民企发展的一些法律法规和政策，放宽了基础设施等多个行业对民企的市场准入，关于民企投资和融资、税收、土地使用等各项政策也陆续推出，逐步建立了公平竞争和平等进入的市场环境；2007 年，全国人大通过《中华人民共和国物权法》，提出平等保护国家、集体和私人的物权，从法律上保护了民企的发展成果；2004 年、2006 年和 2009 年，我国分别建立中小企业板、新三板和创业板，进一步拓宽了民企在资本市场的融资渠道。这些支持民企发展的重大政策，推动了民企劳动生产率的大幅提高，并帮助中国发展成为"世界工厂"。

（2）2012～2014 年，私营企业的劳动生产率上升了约 1.29 倍。2012 年，党的十八大提出要"毫不动摇鼓励、支持、引导非公有制经济发展"；十八届三中全会指出，公有制主体、多种所有制经济共同发展的基本制度是中国特色社会主义制度的重要支柱，也是社会主义市场经济体制的根基。用"重要支柱""根基""重要组成部分""重要基础"等强调包括私营企业在内的非公经济的作用，是前所未有的。十八届三中全会还强调"公有制经济财产权不可侵犯，非公有制经济财产权同样不可侵犯"，提出要保证各种所有制经济成分依法平等使用生产要素，公开、公平、公正地参与市场竞争，同等受到法律保护。可以说，私营企业发展的外部环境史无前例地受到重视，中央及地方政府在财税、投融资体制、市场准入、信贷政策、支持中小微企业、产权保护等多方面出台政策，优化、改善营商环境，有力地促进了私营企业的发展，这也是私营企业劳动生产率高速增长的原因。

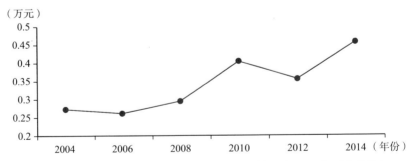

图 6－1　私营企业平均劳动生产率的变动趋势（按 1978 年不变价格）

资料来源：作者根据 2004～2014 年私营企业调查数据计算整理得到。

6.4.2　基本回归结果分析

提高劳动力质量是提高企业劳动生产率的重要因素，马克思指出："劳动生产力是由多种情况决定的，其中包括：工人的平均熟练程度，科学的发展水平和它在工艺上应用的程度，生产过程的社会结合，生产资料的规模和效能，以及自然条件。"① 上述各项都与劳动力质量有关：首先，劳动熟练程度是其直接表现；其次，劳动力质量提高了，才能熟练地掌握现代技术并进行技术革新，从而推动"科学……在工艺上的应用"；最后，在现代化大生产中，分工越来越细致，新的部门、新的行业不断出现，只有提高劳动力质量，使其掌握新的技术和工艺，才能推动"生产过程的社会结合"，提高"生产资料的规模和效能"。而劳动力质量的提高主要通过教育和训练，受教育程度越高则通常劳动力质量越高。

在本部分，我们将应用私营企业数据库检验劳动力质量对企业劳动生产率的影响，劳动力质量的代表变量为企业所在地的劳动者受教育程度，回归方法采用稳健标准误 OLS 回归。表 6-3 中第（1）~（4）列逐步控制了企业层面、企业家层面、地区层面等变量及城市、行业、年份的固定效应，可以发现，劳动者受教育程度对企业劳动生产率的影响显著为正，且随着控制变量的加入结果非常稳健。表明企业员工受教育程度越高，可以促进其创造更多的新价值，这一结论符合预期，也充分验证了马克思关于劳动力质量的观点。

表 6-3　　　　　　　　劳动力质量与私营企业劳动生产率

变量	私营企业的劳动生产率			
	（1）	（2）	（3）	（4）
劳动力质量	0.443 *** (0.069)	0.266 *** (0.080)	0.193 ** (0.080)	0.201 ** (0.093)
政治关联		0.154 *** (0.012)	0.140 *** (0.013)	0.142 *** (0.013)

① 马克思.《资本论》第 1 卷 [M]. 北京：人民出版社，2004：53.

续表

变量		私营企业的劳动生产率			
		(1)	(2)	(3)	(4)
企业层面控制变量	企业规模		-0.076 *** (0.005)	-0.121 *** (0.005)	-0.118 *** (0.005)
	企业年龄		0.0407 *** (0.004)	0.0400 *** (0.005)	0.041 *** (0.00465)
	企业年龄的平方		-0.0013 *** (0.0002)	-0.0013 *** (0.0002)	-0.0014 *** (0.0002)
企业家个人特征	企业家年龄			0.0018 ** (0.0007)	0.0017 ** (0.0008)
	企业家收入			0.206 *** (0.0074)	0.204 *** (0.0075)
	企业家性别			0.045 *** (0.017)	0.044 ** (0.017)
地区层面控制变量	金融发展程度				2.482 ** (1.187)
	金融市场化指数				0.005 * (0.003)
	政府与市场关系				0.025 *** (0.006)
地区/行业/年份固定效应		N	Y	Y	Y
常数项		0.229 (0.161)	0.679 *** (0.190)	0.559 *** (0.195)	0.272 (0.227)
观测值		19014	16737	14886	14392
拟合度（R^2）		0.002	0.089	0.144	0.144

注：回归采用了异方差稳健的标准误，*** 表示 $p < 0.01$，** 表示 $p < 0.05$，* 表示 $p < 0.1$，括号中为标准误。

　　从各控制变量结果看，企业家政治关联对企业劳动生产率也起到了显著促进作用，这个结论和现有研究关于政治关联提高企业绩效的结论是一致的。另外，企业的开办年限越长代表企业有较强的盈利、存续能力，其劳动生产率也较高。从经济质量环境指标来看，金融发展程度越高、政府与市场关系越完善的市场环境越促进了民企劳动生产率的提高。

　　进一步，考虑到不同级别的劳动力受教育程度可能会对私营企业劳动生产率有差异化影响，文章进一步将劳动力受教育程度划分为初级教育和高级教育两类，分别进行了回归，同样采用了稳健标准误的 OLS 回归，具体回归结果见表6-4、表6-5。从表6-4的结果来看，在逐步控制了企业层面、企业家层面、地区层面控制变量以及地区、行业、年份固定效应后，总体来看，劳动力受初级教育程度对私营企业劳动生产率的影响并不显著，表明劳动力受教育程度为初中及以下，对私营企业劳动生产率的提高并没有显著作用。

　　接下来，我们进一步考察劳动力受高级教育程度对私营企业劳动生产率的影响。通过逐步加入控制变量，可以发现表6-5中（1）~（4）列的结果十分稳健，劳动力受高级教育程度显著提升了企业劳动生产率，这一结果也符合我们预期。比较表6-5和表6-3、表6-4中劳动力质量对私营企业劳动生产率的影响系数，可以发现，以受高级教育程度来衡量的劳动力质量对企业劳动生产率的影响系数，要比未区分教育程度的影响系数高3~4倍，说明劳动力受高级教育程度是提高企业劳动生产率的重要因素，而劳动力受初级教育程度对企业劳动生产率没有显著影响。正如马克思所指出的："随着大工业的继续发展，创造现实财富的力量已经不复是劳动时间和应用的劳动力数量了……却决定于一般的科学水平和技术进步程度或科学在生产上的应用。"[1] 而劳动力受高级教育程度就决定了"一般的科学水平和技术进步程度或科学在生产上的应用"，也就决定了私营企业的劳动生产率。

表6-4　　　　　　劳动力受初级教育程度与私营企业劳动生产率

变量	私营企业的劳动生产率			
	（1）	（2）	（3）	（4）
劳动力质量（受初级教育程度）	0.308 * (0.177)	0.216 (0.212)	-0.036 (0.215)	-0.214 (0.228)
政治关联、企业层面控制变量	N	Y	Y	Y

---

① 马克思.《政治经济学批判大纲》（草稿）第 3 分册 [M].北京：人民出版社，1963：356.

变量	私营企业的劳动生产率			
	（1）	（2）	（3）	（4）
企业家个人特征	N	N	Y	Y
地区层面 Y 变量	N	N	N	Y
地区/行业/年份固定效应	N	Y	Y	Y
常数项	0.594 （0.383）	0.823 * （0.458）	1.074 ** （0.467）	1.183 ** （0.495）
观测值	19014	16737	14886	14392
拟合度（R^2）	0.000	0.088	0.144	0.144

注：回归采用了异方差稳健的标准误，*** 表示 $p<0.01$，** 表示 $p<0.05$，* 表示 $p<0.1$，括号中为标准误。

表 6 – 5　　　　　劳动力受高级教育程度与私营企业劳动生产率

变量	私营企业的劳动生产率			
	（1）	（2）	（3）	（4）
劳动力质量 （受高级教育程度）	1.471 *** （0.204）	0.495 ** （0.233）	0.537 ** （0.238）	0.689 *** （0.264）
政治关联、企业 层面控制变量	N	Y	Y	Y
企业家个人特征	N	N	Y	Y
地区层面控制变量	N	N	N	Y
地区/行业/年份固定效应	N	Y	Y	Y
常数项	– 2.701 *** （0.548）	– 0.0325 （0.626）	– 0.431 （0.638）	– 1.106 （0.707）
观测值	19014	16737	14886	14392
拟合度（R^2）	0.003	0.089	0.144	0.144

注：回归采用了异方差稳健的标准误，*** 表示 $p<0.01$，** 表示 $p<0.05$，括号中为标准误。

6.4.3 进一步讨论

国内外学者很多都针对中国经济增长的区域化进行了研究，研究结果发现我国的经济增长在东中西部呈现出较大差异。另一方面，通过控制企业所处地区经济发展、制度环境等变量的影响，可以发现企业所处地区的经济发展制度环境、受教育程度差异化等对企业劳动生产率会产生影响，那么这一作用在不同的地区是否存在不同呢？接下来，文章依据中国的四大经济区域划分进行了分样本稳健性检验，考察劳动力质量对企业劳动生产率的影响，同时进一步进行了初级教育和高级教育影响的差异化研究。为了区分中国经济发展的地域性特征，可以将中国划分为四大经济区域：东部、东北、中部和西部地区，同时针对各地区经济社会发展设定的主要政策为：西部开发、东北振兴、中部崛起、东部率先发展①。表6-6~表6-8中的（1）~（4）列分别代表了中国东部、东北、中部和西部这四大经济区域。

表6-6 劳动力质量与私营企业劳动生产率（分地区子样本）

变量	私营企业的劳动生产率			
	（1）东部	（2）东北	（3）中部	（4）西部
劳动力质量	0.329 *** (0.124)	-0.781 ** (0.339)	-2.131 ** (1.068)	-0.038 (0.214)
政治关联、企业层面控制变量、企业家个人特征、地区层面控制变量	Y	Y	Y	Y
行业/年份固定效应	Y	Y	Y	Y
常数项	-0.0857 (0.299)	2.451 *** (0.944)	5.875 ** (2.681)	0.936 * (0.510)
观测值	7975	1281	2429	2707
拟合度（R^2）	0.152	0.141	0.146	0.164

注：回归采用了异方差稳健的标准误，*** 表示 $p < 0.01$，** 表示 $p < 0.05$，* 表示 $p < 0.1$，括号中为标准误。

———————

① 四大经济区域的划分依据来源于中华人民共和国国家统计局公布的《东西中部和东北地区划分方法》。

表 6 - 7　　　劳动力受初级教育程度与私营企业劳动生产率（分地区子样本）

变量	私营企业的劳动生产率			
	（1）东部	（2）东北	（3）中部	（4）西部
劳动力质量（受初级教育程度）	-0.215 (0.492)	-5.099 ** (1.983)	-4.264 * (2.267)	-0.147 (0.380)
政治关联、企业层面控制变量、企业家个人特征、地区层面控制变量	Y	Y	Y	Y
行业/年份固定效应	Y	Y	Y	Y
常数项	0.836 (1.069)	11.58 *** (4.334)	9.747 * (5.127)	1.146 (0.825)
观测值	5675	947	1711	1841
拟合度（R^2）	0.197	0.224	0.211	0.215

注：回归采用了异方差稳健的标准误，*** 表示 $p < 0.01$，** 表示 $p < 0.05$，* 表示 $p < 0.1$，括号中为标准误。

表 6 - 8　　　劳动力受高级教育程度与私营企业劳动生产率（分地区子样本）

变量	私营企业的劳动生产率			
	（1）东部	（2）东北	（3）中部	（4）西部
劳动力质量（受高级教育程度）	1.662 *** (0.290)	-3.451 *** (0.961)	-1.556 * (0.805)	-1.645 (1.005)
政治关联、企业层面控制变量、企业家个人特征、地区层面控制变量	Y	Y	Y	Y
行业/年份固定效应	Y	Y	Y	Y
常数项	-4.037 *** (0.791)	9.989 *** (2.700)	5.044 ** (2.204)	5.268 * (2.698)
观测值	8022	1354	2478	3032
拟合度（R^2）	0.153	0.135	0.149	0.161

注：回归采用了异方差稳健的标准误，*** 表示 $p < 0.01$，** 表示 $p < 0.05$，* 表示 $p < 0.1$，括号中为标准误。

　　从表 6 - 6 中分地区劳动力质量与企业劳动生产率的回归结果来看，

只有东部地区劳动者受教育程度的提高显著提升了企业劳动生产率，西部地区的结果不显著，而中部和东北地区的估计结果则显著为负。在东部地区，经济发展水平、贸易开放度和市场化程度都较高，营商环境好，商业经济较其他地区发达，从政策带动的角度来讲，东部地区率先发展也承担着为其他地区引路、试验的任务，因此东部地区在发展、转型、改革、转轨的过程中走在前面，较高程度的劳动力质量大大提高了企业的劳动生产率，进而推动着我国整体国民经济的快速增长。在西部地区，所在地的劳动力质量对于民企的劳动生产率并无显著影响，说明西部地区的私营企业没有充分发挥劳动力的作用。特别值得注意的是，在东北地区和中部地区，所在地劳动力质量越高的私营企业，其劳动生产率越低，这就说明，决定劳动力受教育程度在价值创造过程中发挥作用的大小，除了劳动力受教育的层级外，营商环境、经济发展程度及发展方式可能也会产生很大影响。如果劳动力有技能，但没有技能发挥的环境和技术，劳动生产率的提高也就无从谈起。因此，要发挥劳动力的作用，有两方面重要因素：

首先，"创造现实财富的力量……决定于一般的科学水平和技术进步程度或科学在生产上的应用"，只有与高技术设备、先进技术和其他具有增长激励的投资结合起来，劳动力质量才会对生产起到推动作用；

其次，在现行营商环境和经济发展方式下，是否较好地发挥了私营企业家和劳动者的生产积极性？马克思指出："就个别人说，他的行动的一切动机，都一定要经过他的头脑，一定要转变为他的愿望的动机，才能行动起来。"[1] 在生产过程中，经济动机是劳动者最基本的动机，经济活动的积极性就体现在劳动者的积极性上，"生产观念上的内在动机……作为内心的图像、作为需要、作为动力与目的"，"是生产的前提"[2]，人的生产积极性就是"生产观念上的内在动机"的现实表现。如果营商环境差，寻租活动盛行，私营企业家的管理劳动和劳动者的生产劳动没有合理回报，就可能会降低他们的劳动积极性。

上述两方面因素可能是中西部和东北地区劳动力质量无法促进企业劳动生产率提高的原因。2008 年世界银行和中国社科院共同发布了《2008 年中国营商环境报告》，对我国各省会城市和直辖市的营商环境进行了量化评估，评估结果发现：营商环境最好的前十位城市除北京、重庆外，都位于东部沿海地区；而营商环境最差的后十个城市大多位于

---

① 《马克思恩格斯全集》第 21 卷 [M]. 北京：人民出版社，1965：345.
② 《马克思恩格斯选集》第 2 卷 [M]. 北京：人民出版社，1995：9.

中西部地区。营商环境恶化也可能是近年来东北经济增速下滑的重要原因。

为考察不同级别的受教育程度是否会对企业劳动生产率产生不同的影响，我们继续采用分别回归的方式，考察初级教育和高级教育带来的差异化影响，回归结果参见表 6-7~表 6-8。由表 6-7，东北和中部地区劳动者受初级教育程度显著降低了企业劳动生产率，而东部和西部地区的结果不显著。劳动力受初级教育程度代表了较低水平的劳动力质量，对企业劳动生产率并没有显著的促进作用，但为什么会造成显著的负向影响？如前文分析，受营商环境和经济发展方式等的影响，如果没有激励和回报，就不会有高技术设备和先进技术对教育提供补充，教育虽然可以产生技术工人，但不能创造对技术工人的需求。因此，教育实际上被浪费了，而政府在教育方面的投入可能又减少了有利于企业劳动生产率提高的公共支出，特别是在政府支出绩效较低的情况下。这可能是东北和中部地区劳动者受初级教育程度产生显著负效应的原因。

我们进一步考察劳动者受高级教育程度对企业劳动生产率值影响的区域效应，由表 6-8 可知，劳动者受高级教育程度的影响效应在东部地区显著为正，在东北和中部地区仍然显著为负，在西部地区不显著。可见由受高级教育程度表示的劳动力质量，在整体经济发展程度、贸易开放度、市场化程度均较高的东部地区确实发挥了显著促进企业劳动生产率提高的作用，而在东北和中部地区却对企业劳动生产率的提升产生了负向影响，原因如前文所述。

接着我们将私营企业划分为劳动密集型和资本密集型，其中劳动密集型包含农、林、牧、渔业，住宿餐饮，批发零售业等，资本密集型包含采矿业、电力、煤气、水业、制造业、建筑业、交通运输业、科研技术业等，分析不同类型的行业中劳动力质量与企业劳动生产率之间的关系。类似地，我们进行不同程度的受教育程度的分层检验。从表 6-9 的回归结果来看，劳动力的受教育程度，特别是受高级教育程度会显著提高劳动密集型和资本密集型企业的劳动生产率，而劳动力受初级教育程度对私营企业的劳动生产率没有显著的影响。这和前文的研究结论基本一致，只有与高技术设备、先进技术和其他具有增长激励的投资结合起来，劳动力质量才会对生产起到推动作用，因此受高级教育程度的劳动力对于企业劳动生产率的提高较为明显，而初级教育对劳动生产率没有明显提升作用。

表 6 - 9　　劳动力质量与私营企业劳动生产率（劳动密集型/资本密集型行业）

变量	私营企业的劳动生产率					
	（1）劳动密集型	（2）资本密集型	（3）劳动密集型	（4）资本密集型	（5）劳动密集型	（6）资本密集型
劳动力质量	0.140 (0.114)	0.400 *** (0.102)				
劳动力质量（受初级教育程度）			- 0.400 (0.285)	0.306 (0.264)		
劳动力质量（受高级教育程度）					0.694 * (0.358)	1.078 *** (0.314)
政治关联、企业层面控制变量、企业家个人特征、地区层面控制变量	Y	Y	Y	Y	Y	Y
地区/年份固定效应	Y	Y	Y	Y	Y	Y
常数项	0.847 *** (0.276)	- 0.173 (0.244)	2.019 *** (0.621)	0.0784 (0.574)	- 0.684 (0.958)	- 2.131 ** (0.841)
观测值	5549	9227	5549	9227	5549	9227
拟合度（R^2）	0.116	0.115	0.116	0.113	0.117	0.114

注：回归采用了异方差稳健的标准误，*** 表示 $p < 0.01$，** 表示 $p < 0.05$，* 表示 $p < 0.1$，括号中为标准误。

最后，对于实证分析中可能存在的内生性问题，文章认为，由于解释变量为各省劳动者受教育程度代表的劳动力质量，是由国家统计局人口和就业统计司以全国为总体，各省、自治区、直辖市为次总体，采用分层、多阶段、整群概率比例抽样方法展开调查的，且文章采用的是上一年度受教育程度与当年企业数据相匹配，所以它是一个非常外生的变量，并不会受到被解释变量当年企业劳动者创造的新价值的影响，因此不存在明显的逆向因果问题。而且，文章通过不同的模型设定进行实证研究，逐步加入了企业层面、企业家层面及地区层面的各类控制变量，尽量减少由于遗漏变量带来的潜在内生性问题的可能性。因此综合来看，在文章中内生性问题并不是一个需要特别担心的问题。

6.5   结论与建议

处于转型期的中国面临着国民经济发展的严峻挑战，私营企业作为国民经济、社会发展的主要生力军，"是扩大就业、改善民生、促进创业创新的重要力量，在稳增长、促改革、调结构、惠民生、防风险中发挥着重要作用"[①]。在当前竞争激烈经济背景下，研究如何提升我国私营企业的生产经营效率问题无疑有重要的理论和政策意义。因此，文章应用马克思主义经济学方法，构建了衡量私营企业劳动生产率的经济指标，作为其生产经营绩效的代表变量，分析了劳动力质量对企业劳动生产率提高的影响，并采用 2004~2014 年中国私营企业调查数据进行了实证分析，本章的研究结果对提升我国私营企业生产经营绩效、助推私营经济高质量发展有重要的理论和实践意义。

实证研究中我们应用 2004~2014 年私营企业调查数据，计算了我国私营企业的平均劳动生产率。从 2004~2014 年，我国私营企业的劳动生产率共上升了约 1.69 倍，年均增长 5.39%。接着，文章通过实证研究检验了以受教育程度为代表的劳动力质量对私营企业劳动生产率的影响，研究发现，整体上劳动力质量提高对私营企业劳动生产率的提高有显著正向影响。相对于初级教育，高级教育会通过将劳动者与高技术设备、先进技术和其他具有增长激励的投资结合起来，更好地促进企业劳动生产率提高，而且这一促进效应在经济发展、制度环境更为完善的东部地区得到了更好的体现，在东北和中西部地区，这一促进作用并不显著。特别值得注意的是，东北和中部地区劳动者的受教育程度对私营企业劳动生产率的提高产生了显著的负向影响，而且估计值较大，其原因可能是，受营商环境和经济发展方式等的影响，如果没有激励和回报，就不会有高技术设备和先进技术对教育提供补充。教育虽然可以产生技术工人，但不能创造对技术工人的需求。因此，教育实际上被浪费了，而政府在教育方面的投入可能减少了有利于企业劳动生产率提高的公共支出，特别是在政府支出绩效较低的情况下，可能造成劳动者受教育程度对企业劳动生产率反而产生负向效应。

---

① 2019 年 4 月 7 日中共中央办公厅、国务院办公厅印发的《关于促进中小企业健康发展的指导意见》。

　　本章的研究对经济增长理论的贡献是，单纯基础教育的普及对企业绩效进而对经济增长的贡献是不显著的或很有限的，在特殊情况下，劳动者初级教育和高级教育程度的提高，甚至可能会对企业劳动生产率产生显著的负向影响，后者主要是东北和中部地区。国外学者也有类似发现，如巴罗和萨拉—伊—马丁（Barro and Sala-i-Martin，1995）发现，人均经济增长与中学和大学教育水平的变化之间没有关系。本书研究则发现，只有当劳动者能够实现"一般的科学水平和技术进步程度或科学在生产上的应用"，只有与高技术设备、先进技术和其他具有增长激励的投资结合起来，劳动力质量才会对生产起到推动作用；同时，营商环境和经济发展方式应能够较好地发挥私营企业家和劳动者的生产积极性。因此，应创造条件使劳动力质量能真正发挥提高劳动生产率的作用。

第7章

结论与研究展望

7.1 结 论

中国目前正处于经济转型期，制度环境还不够完善，对生产者的合法权益保护程度以及知识产权保护程度的缺失，使得私营企业的发展面临着严峻的挑战。本书主要从企业如何摆脱"融资难"困境，获取外部融资进而用于研发创新投资等方面，着重研究了企业家的管理劳动与行为模式，如何合理规划其自身的时间配置和企业的经费配置以保障企业的长期稳步发展。

其中，第 3 章通过对 2000~2014 年中国私营企业的一系列实证分析，可以发现企业家进行慈善捐赠和拥有的政治身份有利于提升企业的外部融资能力，主要是有助于企业获得更多融资成本相对较低的银行贷款。而且有政治关联的企业进行慈善捐赠可以更进一步地提升其外部融资能力，从一定程度上缓解了私营企业"融资难"的问题。本章在控制企业层面各类变量的基础上，创新性地加入了企业家个人异质性特征变量。同时将私营企业数据手动定位地区，与《中国城市统计年鉴》《中国市场化进程》两个地区级数据相匹配，进一步控制了企业外部发展环境的变量，得到了依然稳健、显著的回归结果，充分支持了第 3 章提出的三个假设。更重要的是，第 3 章采用各地区宗教寺庙数量，特别是宗教影响力较大的省级重点寺院数量作为慈善捐赠的工具变量，也是第 3 章的一个创新之处，2SLS回归的结果仍然较为稳健，符合假设。第 3 章的实证研究丰富了有关私营企业慈善捐赠与政治关联背景的相关文献，同时对于私营企业融资渠道的拓宽、融资能力的提升，进而加快私营企业的创新与发展都有着重要的意义。

对于面临制度环境不完善、融资渠道受限的私营企业来说，为了寻求突破获得长期发展，企业家会将努力获取来的资金一部分用于企业的研发创新活动，扩大投资、提升企业的竞争力，才能在严峻的挑战中获得稳定可持续发展。为了验证这样一个影响机制，第 4 章采用了 2002～2010 年私营企业调查数据为样本，探讨企业家的社会资本行为模式对企业的研发创新、利润绩效的影响机制，即企业家通过社交活动、政治身份形成的"社会关系网"在企业发展与创新中起着非常重要的促进作用。通过实证分析进行检验，并采用了行业与年份的聚类稳健标准差，使用了 OLS 回归、Tobit 模型回归。同时，企业面临的外部环境也是十分重要的，笔者通过将私营企业调查数据与《中国城市统计年鉴》《中国市场化指数——各地区市场化相对进程》等数据库相匹配的方式，加入了地区发展、制度环境等变量，以期得到更为纯净的机制检验结果。第 4 章的实证检验结果表明：控制了企业财务特征、企业家人力资本特征及地区发展、制度环境等变量的影响后，企业家的社会资本对于企业的研发创新活动起到了显著的促进作用，同时也可以显著增加企业的利润收益。而且本章创新地加入了企业家的时间精力配置，配合企业家政治身份、企业的经费投资对社会资本进行了多维度度量，得到了更加稳健的回归结果。此外，第 4 章采用工具变量结合 2SLS、IV - Tobit 模型处理了企业家社会资本的内生性问题，得到的实证结果也表明本文的结论是非常稳健的。

在已有的文献研究中，企业家的政治身份往往被作为企业发展的一个重要研究对象。政治身份作为社会资本的重要组成，无疑也会通过社会资本影响企业的研发创新活动，因此第 4 章将政治身份的影响也加入实证分析中，可以发现，企业家拥有的政治身份对于研发创新活动的影响要么是不显著的，要么是显著为负的。通过第 4 章的研究发现，单纯的企业家政治身份并不利于企业的研发创新活动，这与已有文献的结果基本一致，即有政治关联的企业往往没有动力去进行创新，可以通过企业渠道获得更多的订单和商机，保证企业的长期发展。因此我们可以认为，企业家社会资本中对企业的研发创新活动起主要促进作用的是企业家与同行、金融机构、亲友间以及政府部门间的"社会关系网"，单纯的政治身份反而不利于企业进行研发创新活动。所以可以发现企业家的政治身份，或者说企业拥有的政治关联并不是企业发展的一个长期保障机制，同样的，国家目前采取的省委书记/省长、市委书记/市长等的官员异地交流制度，也大大解决了由于政治关联导致的企业不平衡、不对称发展，为企业提供了一个更加公平公正的外部发展环境。

处于转型期的中国面临着国民经济发展的严峻挑战，而私营企业作为国民经济发展的主要生力军，需要一个更为公平公正、资源配置效率更高的发展环境，而这就需要我国不断加强制度环境的完善、对生产者合法权益的保护以及知识产权保护。当面临由市委书记更替带来的不同类型、不同程度的政策不确定性时，企业家行为会明显发生变化，以新的投资策略来应对这样的政局变动。第5章通过采用2002～2010年的私营企业调查数据为样本进行的回归分析，实证探讨了政策不确定性对企业家行为模式，尤其是对其管理劳动时间配置的影响。

研究结果发现，当期发生官员更替带来的政策不确定性会显著降低企业家的社交活动时间，前一期和后一期发生官员更替时的影响并不是很显著，即政策不确定性对企业家管理劳动时间配置的影响不存在明显的提前或滞后效应；企业家政治身份的影响主要通过分样本检验得以体现，与没有政治身份的企业家相比，有政治身份的企业家社交活动时间减少的更明显；当市委书记为任期满3年后的正常更替，或为本地市长、代市长、副书记升迁为书记时，企业家的社交活动时间会下降得更明显。对企业家日常经营管理的影响来看，当期发生的市委书记更替带来的政策不确定性对企业家日常经营管理时间的影响不是很显著，但新任市委书记是本地升迁还是外地调任却显著影响了企业家的经营管理时间，本地升迁的书记更替显著增加了企业家的经营管理时间，而外地调任的书记更替则显著降低了经营管理时间。此外，政策不确定性不仅带来了企业家管理劳动时间的再分配，同样也带来了用于构建社会资本的社交活动成本显著增加。当存在市委书记更替，尤其是任期未满3年的书记突然更替、新任书记为外地调任时，企业家的公关招待、摊派等社交活动经济成本均显著提高。

总体来看，当面临政策不确定时，企业家花费的社交活动时间显著降低、经济成本显著增加，经营管理时间变动不是很显著。这表明由官员更替带来的政局变动不仅会带来当地政策的变动，企业家会谨慎投资或者延缓投资，也打破了企业家原有的"社会关系网"，而且为了重新构建社会资本，企业家需要花费更多的经济成本，企业的运营成本增加。虽然由于官员更替带来的政策不确定性短期内带来了私营企业家投资策略的显著变化，但长期来看，我国目前采取的官员交流，特别是官员异地交流制度在切断企业家原有社会关系的同时，也大大避免了不合理的政企合谋，弥补了目前我国制度环境不完善的缺陷，私营企业可以拥有一个更加公平公正的发展空间，进而会在很大程度上提升整个社会的资源配置效率。

7.2　政策建议

上述研究结论有着引人深思的政策含义。自 1978 年以来，中国的私营企业重新得以合法化，在国民经济发展中发挥了重要力量。而我国目前的法律法规制度并不完善，知识产权保护也较弱，私营企业的发展也面临着所有制歧视的"融资难"困境。而本书的研究发现，私营企业面对这样的困境，驱使着企业家不得不选择非正式制度的替代性策略——进行慈善捐赠和积极参与政治，以期能够获得更多的资金用于维持、扩大企业的发展。因此，为了给私营企业提供一个良好的环境和空间，中国应当发展更为完善的政治环境、法律体系、信贷市场及金融市场。政府的"扶持之手"应该更多地伸向私营企业，促使其与政府部门、银行等金融机构以及同行合作者之间建立良好的社会资本网络体系，以避免企业家为了获取外部融资而将慈善捐赠、政治参与等当作寻租活动的隐蔽通道，从而扭曲了捐赠行为作为社会责任的慈善利他本质。同时，私营企业要合理利用来之不易的外部融资，大力加强研发创新活动，才能突破"融资难"困境的种种限制，在激烈的竞争中谋生存、求发展，充分发挥国民经济发展生力军的重要作用。

中国目前正处于经济转型期，制度环境还不够完善，对生产者的合法权益保护程度以及知识产权保护程度的缺失，使得私营企业的发展面临着严峻的挑战。因此，私营企业为了保证长期持续地发展，必须要开展研发创新。而融资约束的困境也会使得企业家寻求各种渠道、方式拓展融资来源，比如进行慈善捐赠、获取政治身份、构建社会资本等均为常用的方式。利用社会资本进行的非正式制度保护策略就是其中的一种。因此我们认为，对于面临制度环境不完善、融资渠道受限的私营企业来说，为了寻求突破获得长期发展，企业家会将努力获取来的资金一部分用于企业的研发创新活动，扩大投资、提升企业的竞争力，才能在严峻的挑战中谋生存、求发展。

本书的理论与实证研究对于探讨面临融资约束、制度保护匮乏的私营企业的发展战略选择有非常重要的意义，丰富了对企业领导者在企业治理方面进行战略决策的相关文献研究。为了促进私营企业的良性、健康发展，需要政府继续伸出"扶持之手"，加快市场化进程，不断完善法律保护、产权保护等制度环境建设，为企业提供一个更加公平公正的外部发展环境，才能从根本上"对症"解决私营企业"融资难"导致的研发投资不足的困境。目前中国的基本现实并不是需要加强政府管制下的自由市场经济，而是缺乏约束的政府行为导致了大量的扭曲和资源误配。中国经济政策改革的基本指向，需要去除政策性的扭曲和资源误配，向着更加有效、公正的市场经济迈进，"毫不动摇鼓励、支持、引导非公有制经济发展，使市场在资源配置中起决定性作用"。

本书有关官员更替带来的政策不确定性对企业家决策，尤其是企业家管理劳动时间再分配的影响，不仅在理论上补充了政策不确定性与企业发展的研究，更重要的是从企业家个人偏好的角度充分解释了企业应对政策不确定性的战略决策。习近平总书记在党的十九大报告中指出，中国要"蹄疾步稳推进全面深化改革，坚决破除各方面体制机制弊端"①。因此从长期来看，这样的切断给私营企业营造了一个更加公平公正的外部发展空间，可以有效避免不合理的社会资本，对于私营企业乃至整个国民经济的发展来说都是更加有利的。中国为了能够更好地实现从计划经济向市场经济的成功转型，需要更加重视市场的自我调节功能，"构建亲清新型政商关系，促进非公有制经济健康发展和非公有制经济人士健康成长"，减少政府对市场经济的干预程度，推进依法治国、加强产权保护，增强对地方政府官员的有效监督，从而降低企业对政府制定经济政策的强烈依赖，更好地完善企业发展的外部制度环境，提升企业应对风险与政策不确定性的能力，才能保证企业乃至整个国民经济的长期可持续发展，更快更好地实现全面的市场化经济。最后，习近平总书记在十九大报告中还强调了要"注重在非公有制经济组织、社会组织中发展党员"，加强基层党组织的建设，充分发挥私营企业发展过程中党组织的积极作用，可以有效缓解转型期私营企业发展面临的制度环境缺陷、知识产权保护不完善以及利益冲突等问题。

7.3　研究不足与展望

本书主要从私营企业家的管理劳动和行为模式方面分别探讨了中国私

① 中国政府网，http://www.gov.cn。

营企业如何在融资约束困境、外部环境多变、制度环境不完善的情况下突破重重限制的创新发展情况，得出了一系列非常具有启发意义的结论，对于中国私营企业发展的相关研究作出了一定的理论贡献。然而，本书依然存在以下需要继续完善的不足之处。

首先，由于本书在各章的实证分析中采用的主要数据均为中国私营企业调查数据，主要年度包括 2000 ~ 2014 年，是一个混合横截面数据。同时笔者根据邮政编码手动定位到省、地级市层面，匹配了《中国城市统计年鉴》《中国市场化指数——各地区市场化相对进程》，加之在人民网、新华网等官方网站搜集的 2000 ~ 2014 年各地级市市委书记的主要信息，通过城市统计年鉴、谷歌搜索等方式查漏补缺，构成了本书在实证分析部分采用的主要数据样本。主要的限制在于中国私营企业调查数据的样本量较少，属于抽样调查样本，且并未调查企业的详细名称、代码等信息，无法构成一个可以追踪的面板数据。同时，私营企业调查数据更新较慢，目前笔者可以获得的最新年份即为 2012 年调查数据，无法采用最新的数据展开针对我国私营企业发展的相关研究。

其次，本书的研究内容主要是从私营企业家的管理劳动和行为模式方面分别探讨了中国私营企业的创新发展情况。第 3 章关于慈善捐赠、政治关联与外部融资能力的研究，受限于数据样本，无法从企业家进行慈善捐赠的动机方面有效探讨是"政治募捐"还是"自愿行为"，因此无法获得由于企业家进行的慈善捐赠带来企业外部融资能力的提升更纯净的效应。第 4 章中关于企业家社会资本与企业研发创新的研究，虽然本书创新地加入了企业家的时间配置对企业研发创新的影响，但是更详细的机制探讨因受限于数据而不能给出相应的实证证据。第 5 章研究了由于官员更替带来的政策不确定性对于企业家行为模式，尤其是企业家管理劳动时间配置的影响，然而受限于私营企业数据库仅为混合横截面数据的特性，无法从长期和宏观的角度综合考察政策不确定性对企业家行为，进而对私营企业发展的影响。

因此，基于以上分析，在未来的研究中需要选取更合适的数据来源，进一步拓展更多的角度深入探讨中国私营企业的发展；另外，要更加注重微观层面上影响机制的探讨，以获得更为详细、深入的研究。这些问题都将是笔者在未来的研究中需要深入探索的重要方向。

参 考 文 献

[1] 白重恩,路江涌,陶志刚. 中国私营企业银行贷款的经验研究 [J]. 经济学(季刊),2005(3):605-622.

[2] 边燕杰,丘海雄. 企业的社会资本及其功效 [J]. 中国社会科学,2000(2):87-99.

[3] 蔡地,万迪昉,罗进辉. 产权保护、融资约束与民营企业研发投入 [J]. 研究与发展管理,2012(2):85-93.

[4] 蔡卫星,赵峰,曾诚. 政治关系、地区经济增长与企业投资行为 [J]. 金融研究,2011(4):100-112.

[5] 曹春方. 政治权力转移与公司投资:中国的逻辑 [J]. 管理世界,2013(1):143-157.

[6] 曹春方,马连福,沈小秀. 财政压力、晋升压力、官员任期与地方国企过度投资 [J]. 经济学(季刊),2014(4):1415-1436.

[7] 陈德球,金雅玲,董志勇. 政策不确定性、政治关联与企业创新效率 [J]. 南开管理评论,2016(4):27-35.

[8] 陈爽英,井润田,龙小宁,邵云飞. 民营企业家社会关系资本对研发投资决策影响的实证研究 [J]. 管理世界,2010(1):88-97.

[9] 陈冬华,胡晓莉,梁上坤,新夫. 宗教传统与公司治理 [J]. 经济研究,2013(9):71-84.

[10] 程仲鸣,夏新平,余明桂. 政府干预、金字塔结构与地方国有上市公司投资 [J]. 管理世界,2008(9):37-47.

[11] 戴亦一,张俊生,曾亚敏,潘越. 社会资本与企业债务融资 [J]. 中国工业经济,2009(8):99-108.

[12] 戴亦一,潘越,冯舒. 中国企业的慈善捐赠是一种"政治献金"吗?——来自市委书记更替的证据 [J]. 经济研究,2014(2):74-86.

[13] 党力,杨瑞龙,杨继东. 反腐败与企业创新:基于政治关联的解释 [J]. 中国工业经济,2015(7):146-160.

[14] 邓可斌，曾海舰. 中国企业的融资约束：特征现象与成因检验 [J]. 经济研究，2014（2）：47 - 60.

[15] 邓建平，曾勇. 政治关联能改善民营企业的经营绩效吗 [J]. 中国工业经济，2009（2）：98 - 108.

[16] 董志强，魏下海. 党组织在民营企业中的积极作用——以职工权益保护为例的经验研究. 经济学动态，2018（1）：14 - 26.

[17] 樊纲，王小鲁，朱恒鹏. 中国市场化指数——各地区市场化相对进程 [M]. 北京：经济科学出版社，2016.

[18] 范子英，田彬彬. 政企合谋与企业逃税：来自国税局长异地交流的证据 [J]. 经济学（季刊），2016（4）：1303 - 1328.

[19] 冯天丽，井润田，王国锋. 转型期中国私营企业经营环境及企业家行为的理论解释 [J]. 管理学家：学术版，2008（5）：432 - 442.

[20] 符戈. 中国民营企业融资问题研究 [M]. 北京：经济科学出版社，2003.

[21] 高勇强，何晓斌，李路路. 民营企业家社会身份，经济条件与企业慈善捐赠 [J]. 经济研究，2011（12）：111 - 123.

[22] 何晓斌，蒋君洁，杨治，蔡国良. 新创企业家应做"外交家"吗？——新创企业家的社交活动对企业绩效的影响 [J]. 管理世界，2013（6）：128 - 137.

[23] 何轩，马骏，朱丽娜，李新春. 腐败对企业家活动配置的扭曲 [J]. 中国工业经济，2016（12）：106 - 122.

[24] 黄玖立，李坤望. 吃喝，腐败与企业订单 [J]. 经济研究，2013（6）：71 - 84.

[25] 黄艳萍，刘榆，吴一群，李文溥. 中国地区经济增长差异：基于分级教育的效应 [J]. 经济研究，2013（4）：94 - 105.

[26] 胡旭阳，史晋川. 民营企业的政治资源与民营企业多元化投资——以中国民营企业 500 强为例 [J]. 中国工业经济，2008（4）：5 - 14.

[27] 纪雯雯，赖德胜. 人力资本配置与中国创新绩效 [J]. 经济学动态，2018（11）：19 - 31.

[28] 贾明，张喆. 高管的政治关联影响公司慈善行为吗？ [J]. 管理世界，2010（4）：99 - 113.

[29] 贾倩，孔祥，孙铮. 政策不确定性与企业投资行为——基于省级地方官员变更的实证检验 [J]. 财经研究，2013，39（2）：81 - 91.

[30] 蒋为. 环境规制是否影响了中国制造业企业研发创新? ——基于微观数据的实证研究 [J]. 财经研究, 2015 (2): 76 – 87.

[31] 江伟, 李斌. 金融发展与企业债务融资 [J]. 中国会计评论, 2006 (2): 255 – 276.

[32] 鞠芳辉, 谢子远, 宝贡敏. 西方与本土: 变革型、家长型领导行为对民营企业绩效影响的比较研究 [J]. 管理世界, 2008 (5): 85 – 101.

[33] 李斌, 江伟. 金融发展、融资约束与企业成长 [J]. 南开经济研究, 2006 (3): 68 – 78.

[34] 李凤羽, 杨墨竹. 经济政策不确定性会抑制企业投资吗? ——基于中国经济政策不确定指数的实证研究 [J]. 金融研究, 2015 (4): 115 – 129.

[35] 李刚. 管理劳动的价值与企业家收入的决定 [J]. 四川大学学报 (哲学社会科学版), 2002 (3): 10 – 15.

[36] 李捷瑜, 黄宇丰. 转型经济中的贿赂与企业增长 [J]. 经济学 (季刊), 2010 (4): 1467 – 1484.

[37] 李科, 徐龙炳. 融资约束、债务能力与公司业绩 [J]. 经济研究, 2011 (5): 61 – 73.

[38] 李路路. 私营企业主的个人背景与企业 "成功" [J]. 中国社会科学, 1997 (2): 133 – 145.

[39] 李新春, 叶文平, 朱沆. 牢笼的束缚与抗争: 地区关系文化与创业企业的关系战略 [J]. 管理世界, 2016 (10): 88 – 102.

[40] 李雪灵, 张惺, 刘钊, 陈丹. 制度环境与寻租活动: 源于世界银行数据的实证研究 [J]. 中国工业经济, 2012 (11): 84 – 96.

[41] 李海明. 检验劳动价值论: 方法与证据 [J]. 经济学动态, 2007 (9): 20 – 33.

[42] 李健民. 人力资本通论 [M]. 上海: 上海三联书店, 1999.

[43] 梁建, 陈爽英, 盖庆恩. 民营企业的政治参与、治理结构与慈善捐赠 [J]. 管理世界, 2010 (7): 109 – 118.

[44] 梁强, 李新春, 郭超. 非正式制度保护与企业创新投入——基于中国民营上市企业的经验研究 [J]. 南开经济研究, 2011 (3): 97 – 110.

[45] 廖开容, 陈爽英. 制度环境对民营企业研发投入影响的实证研

究 [J]. 科学学研究, 2011 (9): 1342 - 1348.

[46] 刘胜, 顾乃华, 陈秀英. 制度环境、政策不连续性与服务业可持续性增长——基于中国地方官员更替的视角 [J]. 财贸经济, 2016 (10): 147 - 160.

[47] 刘智勇, 李海峥, 胡永远, 李陈华. 人力资本结构高级化与经济增长——兼论东中西部地区差距的形成和缩小 [J]. 经济研究, 2018 (3): 50 - 63.

[48] 龙小宁, 杨进. 党组织、工人福利和企业绩效: 来自中国民营企业的证据 [J]. 经济学报, 2014 (2): 150 - 169.

[49] 罗党论, 甄丽明. 民营控制、政治关系与企业融资约束 [J]. 金融研究, 2008 (12): 164 - 178.

[50] 罗党论, 刘晓龙. 政治关系、进入壁垒与企业绩效——来自中国民营上市公司的经验证据 [J]. 管理世界, 2009 (5): 97 - 106.

[51] 罗党论, 唐清泉. 政治关系、社会资本与政策资源获取——来自中国民营上市公司的经验证据 [J]. 世界经济, 2009 (7): 84 - 96.

[52] 罗党论, 佘国满. 地方官员变更与地方债发行 [J]. 经济研究, 2015 (6): 131 - 146.

[53] 潘越, 王宇光, 戴亦一. 税收征管、政企关系与上市公司债务融资 [J]. 中国工业经济, 2013 (8): 109 - 121.

[54] 钱先航, 曹廷求. 钱随官走: 地方官员与地区间的资金流动 [J]. 经济研究, 2017 (2): 156 - 170.

[55] 饶品贵, 岳衡, 姜国华. 经济政策不确定性与企业投资行为研究 [J]. 世界经济, 2017 (2): 27 - 51.

[56] 任洲鸿, 刘冠军. 从"雇佣劳动"到"劳动力资本"——西方人力资本理论的一种马克思主义经济学解读 [J]. 马克思主义研究, 2008 (8): 120 - 125.

[57] 荣兆梓. 总要素生产率还是总劳动生产率 [J]. 财贸研究, 1992 (3): 15 - 22.

[58] 荣兆梓. 相对剩余价值长期趋势与劳动力价值决定 [J]. 马克思主义研究, 2009 (7): 42 - 49 + 160.

[59] 沈红波, 寇宏, 张川. 金融发展、融资约束与企业投资的实证研究 [J]. 中国工业经济, 2010 (6): 55 - 64.

[60] 唐建新, 陈冬. 金融发展与融资约束——来自中小企业板的证

据 [J]. 财贸经济, 2009 (5): 5 - 11.

[61] 唐松, 孙铮. 政治关联、高管薪酬与企业未来经营绩效 [J]. 管理世界, 2014 (5): 93 - 105.

[62] 唐雪松, 周晓苏, 马如静. 政府干预、GDP 增长与地方国企过度投资 [J]. 金融研究, 2010 (9): 99 - 112.

[63] 田晓霞. 小企业融资理论及实证研究综述 [J]. 经济研究, 2004 (5): 107 - 116.

[64] 王鹏程, 李建标. 谁回报了民营企业的捐赠? ——从融资约束看民营企业 "穷济天下" 的行为 [J]. 经济管理, 2015 (2): 41 - 52.

[65] 王文龙, 焦捷, 金占明, 孟涛, 朱斌. 企业主宗教信仰与企业慈善捐赠 [J]. 清华大学学报: 自然科学版, 2015 (4): 443 - 451.

[66] 王贤彬, 徐现祥. 地方官员来源, 去向, 任期与经济增长——来自中国省长省委书记的证据 [J]. 管理世界, 2008 (3): 16 - 26.

[67] 王贤彬, 徐现祥, 李郇. 地方官员更替与经济增长 [J]. 经济学 (季刊), 2009 (4): 1301 - 1328.

[68] 王丹. 信贷政策影响民营企业信贷决策的渠道分析 [J]. 管理世界, 2018 (12): 173 - 174.

[69] 卫兴华. 科学把握生产力与生产关系研究中的唯物史观——兼评 "生产关系决定生产力论" 和 "唯生产力标准论" [J]. 清华政治经济学报, 2014 (1): 3 - 25.

[70] 魏尚进. 经济中的贿赂: 是润滑剂还是沙子 [J]. 经济社会体制比较, 2001 (1): 33 - 43.

[71] 魏下海, 董志强, 张永璟. 营商制度环境为何如此重要? ——自民营企业家 "内治外攘" 的经验证据 [J]. 经济科学, 2015 (2): 105 - 116.

[72] 习近平. 关于中国特色社会主义理论体系的几点学习体会和认识 [J]. 求是, 2008 (4): 3 - 16.

[73] 解维敏, 方红星. 金融发展, 融资约束与企业研发投入 [J]. 金融研究, 2011 (5): 171 - 183.

[74] 徐现祥, 王贤彬. 晋升激励与经济增长: 来自中国省级官员的证据 [J]. 世界经济, 2010 (2): 15 - 36.

[75] 徐业坤, 钱先航, 李维安. 政治不确定性, 政治关联与民营企业投资——来自市委书记更替的证据 [J]. 管理世界, 2013 (5): 116 - 130.

[76] 徐业坤,杨帅,李维安. 政治晋升,寻租与企业并购——来自市委书记升迁的证据 [J]. 经济学动态, 2017 (4): 64 - 76.

[77] 薛爽,肖星. 捐赠: 民营企业强化政治关联的手段? [J]. 财经研究, 2011 (11): 102 - 112.

[78] 阎存志. 马克思在《资本论》中对劳动生产率的论述 [J]. 东北师大学报, 1991 (4): 24 - 27.

[79] 杨海生,陈少凌,罗党论,佘国满. 政策不稳定性与经济增长——来自中国地方官员变更的经验证据 [J]. 管理世界, 2014 (9): 13 - 28.

[80] 姚洋,张牧扬. 官员绩效与晋升锦标赛——来自城市数据的证据 [J]. 经济研究, 2013 (1): 137 - 150.

[81] 姚耀军,董钢锋. 中小企业融资约束缓解: 金融发展水平重要抑或金融结构重要? ——来自中小企业板上市公司的经验证据 [J]. 金融研究, 2015 (4): 148 - 161.

[82] 余明桂,潘红波. 政治关系、制度环境与民营企业银行贷款 [J]. 管理世界, 2008 (8): 9 - 21.

[83] 于蔚,汪淼军,金祥荣. 政治关联和融资约束: 信息效应与资源效应 [J]. 经济研究, 2012 (9): 125 - 139.

[84] 张萃. 股权结构,社会关系网络与民营企业创新 [J]. 暨南学报 (哲学社会科学版), 2016 (11): 77 - 89.

[85] 张峰,黄玖立,王睿. 政府管制,非正规部门与企业创新: 来自制造业的实证依据 [J]. 管理世界, 2016 (2): 95 - 111.

[86] 张建君,张志学. 中国民营企业家的政治战略 [J]. 管理世界, 2005 (7): 94 - 105.

[87] 张军. 中国的信贷增长为什么对经济增长影响不显著 [J]. 学术月刊, 2006 (7): 69 - 75.

[88] 张军,高远. 官员任期,异地交流与经济增长 [J]. 经济研究, 2007 (11): 91 - 103.

[89] 张敏,张胜,申慧慧. 政治关联与信贷资源配置效率——来自我国民营上市公司的经验证据 [J]. 管理世界, 2010 (11): 143 - 153.

[90] 张敏,马黎珺,张雯. 企业慈善捐赠的政企纽带效应——基于我国上市公司的经验证据 [J]. 管理世界, 2013 (7): 163 - 171.

[91] 郑丹辉,李新春,李孔岳. 相对关系导向与新创企业成长: 制

度环境的调节作用 [J]. 管理学报, 2014 (4): 510 – 519.

[92] 周黎安. 晋升博弈中政府官员的激励与合作——兼论我国地方保护主义和重复建设问题长期存在的原因 [J]. 经济研究, 2004 (6): 33 – 40.

[93] 周黎安. 中国地方官员的晋升锦标赛模式研究 [J]. 经济研究, 2007 (7): 36 – 50.

[94] 朱恒鹏. 企业规模, 市场力量与民营企业创新行为 [J]. 世界经济, 2006 (12): 41 – 52.

[95] 朱益宏, 周翔, 张全成. 私营企业家政治关联: 催化了投机行为还是技术创新? [J]. 科研管理, 2016 (4): 74 – 88.

[96] Alesina, A., R. Perotti. Income Distribution, Political Instability, and Investment [J]. European Economic Review, 1996, 40 (6): 1203 – 1228.

[97] Ang, J. S., R. A. Cole, and J. W. Lin. Agency Costs and Ownership Structure [J]. The Journal of Finance, 2000, 55 (1): 81 – 106.

[98] Bai, C. E., J. Lu, and Z. Tao. Property Rights Protection and Access to Bank Loans [J]. Economics of Transition, 2006, 14 (4): 611 – 628.

[99] Baker, S., N. Bloom, S. J. Davis, et al. A Measure of Economic Policy Uncertainty for China (Working Paper) [J]. University of Chicago, 2013.

[100] Barro, R. J. Economic Growth in a Cross Section of Countries [J]. The Quarterly Journal of Economics, 1991, 106 (2): 407 – 443.

[101] Barro, R. J. and Xavier Sala-i-Martin. Economic Growth [M]. New York: McGraw – Hill, 1995.

[102] Beck, T., Demirgüç – Kunt A., and V. Maksimovic. Financing Patterns around the World: Are Small Firms Different? [J]. Journal of Financial Economics, 2008, 89 (3): 467 – 487.

[103] Bitler, M. P., T. J. Moskowitz, and A. VISSING – JØRGENSEN. Testing Agency Theory with Entrepreneur Effort and Wealth [J]. The Journal of Finance, 2005, 60 (2): 539 – 576.

[104] Brammer, S., A. Millington, and S. Pavelin. Is Philanthropy Strategic? An Analysis of the Management of Charitable Giving in Large UK Companies [J]. Business Ethics: A European Review, 2006, 15 (3): 234 – 245.

[105] Cai, H., H. Fang, and L. C. Xu. Eat, Drink, Firms, Govern-

ment: An Investigation of Corruption from the Entertainment and Travel Costs of Chinese Firms [J]. The Journal of Law and Economics, 2011, 54 (1): 55 – 78.

[106] Chan, K. S.. Chinese Firms' Political Connection, Ownership, and Financing Constraints [J]. Economics Letters, 2012, 115 (2): 164 – 167.

[107] Chen, Y., M. Liu, and J. Su. Greasing the Wheels of Bank Lending: Evidence from Private Firms in China [J]. Journal of Banking & Finance, 2013, 37 (7): 2533 – 2545.

[108] Chong, T. T. L., L. Lu, and S, Ongena. Does Banking Competition Alleviate or Worsen Credit Constraints Faced by Small-and Medium-sized Enterprises? Evidence from China [J]. Journal of Banking & Finance, 2013, 37 (9): 3412 – 3424.

[109] Claessens, S., and K. Tzioumis. Ownership and Financing Structures [J]. Corporate Governance An International Review, 2006, 14 (4): 266 – 276.

[110] Demirgüç – Kunt, A., and V. Maksimovic. Law, Finance, and Firm Growth [J]. Journal of Finance, 1998, 53 (6): 2107 – 2137.

[111] Dong, Z., X. Wei, and Y. Zhang. The Allocation of Entrepreneurial Efforts in a Rent-seeking Society: Evidence from China [J]. Journal of Comparative Economics, 2016, 44 (2): 353 – 371.

[112] Du, X., W. Jian, and Y. Du, et al. Religion, the Nature of Ultimate Owner, and Corporate Philanthropic Giving: Evidence from China [J]. Journal of Business Ethics, 2014, 123 (2): 235 – 256.

[113] Faccio, M.. Politically Connected Firms [J]. The American Economic Review, 2006, 96 (1): 369 – 386.

[114] Fazzari, S. M., R. G. Hubbard, and B. Petersen. Financing Constraints and Corporate Investment [J]. Brookings Papers on Economic Activity, 1988, 19 (1): 141 – 206.

[115] Fisman, R.. Estimating the Value of Political Connections [J]. The American Economic Review, 2001, 91 (4): 1095 – 1102.

[116] Frye, T., and A. Shleifer. The Invisible Hand and the Grabbing Hand [J]. The American Economic Review, 1997, 87 (2): 354 – 358.

[117] Godfrey, P. C.. The Relationship between Corporate Philanthropy

and Shareholder Wealth: A Risk Management Perspective [J]. Academy of Management Review, 2005, 30 (4): 777 – 798.

[118] Hadjimanolis, A.. A Resource-based View of Innovativeness in Small Firms [J]. Technology Analysis & Strategic Management, 2000, 12 (2): 263 – 281.

[119] Hilary, G., and K. W. Hui. Does Religion Matter in Corporate Decision Making in America? [J]. Journal of Financial Economics, 2009, 93 (3): 455 – 473.

[120] Imai, H.. China's Endogenous Investment Cycle [J]. Journal of Comparative Economics, 1994, 19 (2): 188 – 216.

[121] Julio, B., and Y. Yook. Political Uncertainty and Corporate Investment Cycles [J]. The Journal of Finance, 2012, 67 (1): 45 – 83.

[122] King, R. G., and R. Levine. Finance, Entrepreneurship and Growth [J]. Journal of Monetary Economics, 1993, 32 (3): 513 – 542.

[123] Khwaja, A., and A. Mian. Do Lenders Favor Politically Connected Firms? Rent Provision in an Emerging Financial Market [J]. The Quarterly Journal of Economics, 2005, 120 (4): 1371 – 1411.

[124] Krueger, A. O.. The Political Economy of the Rent-seeking Society [J]. The American Economic Review, 1974, 64 (3): 291 – 303.

[125] Levine, R., and S. Zervos. Stock Markets, Banks, and Economic Growth [J]. The American Economic Review, 1998, 88 (3): 537 – 558.

[126] Li, H., and Y. Zhang. The Role of Managers' Political Networking and Functional Experience in New Venture Performance: Evidence from China's Transition Economy [J]. Strategic Management Journal, 2007, 28 (8): 791 – 804.

[127] Li, H., L. Meng, and J. Zhang. Why Do Entrepreneurs Enter Politics? Evidence from China [J]. Economic Inquiry, 2008a, 44 (3): 559 – 578.

[128] Li, H., L. Meng, and Q. Wang. Political Connections, Financing and Firm Performance: Evidence from Chinese Private Firms [J]. Journal of Development Economics, 2008b, 87 (2): 283 – 299.

[129] Luthans, F.. Successful vs. Effective Real Managers [J]. Academy of Management Executive, 1988, 2 (2): 127 – 132.

[130] Love, I.. Financial Development and Financing Constraints: Inter-

national Evidence from the Structural Investment Model [J]. The Review of Financial Studies, 2003, 16 (3): 765 – 791.

[131] Mintzberg, H.. Strategy – Making in Three Modes [J]. California Management Review, 1973, 16 (2): 44 – 53.

[132] North, Douglass C., and R. Paul Thomas. The Rise of the Western World: A New Economic History [M]. Cambridge University Press, 1973.

[133] Rajan, R. G., and L. Zingales. Financial Dependence and Growth [J]. The American Economic Review, 1998, 88 (3): 559 – 586.

[134] Saiia, D. H.. Philanthropy and Corporate Citizenship [J]. Journal of Corporate Citizenship, 2001, (2): 57 – 74.

[135] Schott, T., and K. W. Jensen. Firms' Innovation Benefiting from Networking and Institutional Support: A Global Analysis of National and Firm Effects [J]. Research Policy, 2016, 45 (6): 1233 – 1246.

[136] Seshadri, S., and Z. Shapira. Managerial Allocation of Time and Effort: The Effects of Interruptions [J]. Management Science, 2001, 47 (5): 647 – 662.

[137] Shleifer, A., and R. W. Vishny. Politicians and Firms [J]. The Quarterly Journal of Economics, 1994, 109 (4): 995 – 1025.

[138] Tuzzolino, F., and B. R. Armandi. A Need-hierarchy Framework for Assessing Corporate Social Responsibility [J]. Academy of Management Review, 1981, 6 (1): 21 – 28.

[139] Vasconcelos, A F. Spiritual. Development in Organizations: A Religious-based Approach [J]. Journal of Business Ethics, 2010, 93 (4): 607 – 622.

[140] Verheul, I., M. Carree, and R. Thurik. Allocation and Productivity of Time in New Ventures of Female and Male Entrepreneurs [J]. Small Business Economics, 2009, 33 (3): 273 – 291.

[141] Wang, Y., and J. You. Corruption and Firm Growth: Evidence from China [J]. China Economic Review, 2012, 23 (2): 415 – 433.

[142] Xin, K. K., and J. L. Pearce. Guanxi: Connections as Substitutes for Formal Institutional Support [J]. Academy of Management Journal, 1996, 39 (6): 1641 – 1658.